# 独検合格4週間 neu

## 4級

在間 進
亀ヶ谷昌秀
共著

第三書房

装丁：みなみのなおこ

財団法人ドイツ語学文学振興会許諾出版物

## 本書を使われるみなさんに

独検を受験されるみなさんの動機は様々かも知れません。しかしみなさんの目指す目標はただ一つ ── 合格ですね。

本書も，1997 年の初版以来，3 回の改訂を行いましたが，今回，もう一度「独検合格のために」という原点に戻り，一から大幅に見直しを行うことにいたしました。

本書では，【独検 4 級】の公表された審査基準 (3 頁を参照) および実際の出題内容に基づき，次の 5 つの章を設けました。

　　第 1 章　つづり，アクセント，母音の長短など
　　第 2 章　動詞の人称変化 (現在形)
　　第 3 章　名詞・冠詞類の格変化，代名詞，前置詞
　　第 4 章　語順・語彙・会話・読解・聞き取り
　　第 5 章　模擬テスト

独検 4 級では，大ざっぱに言って，前半で，①初級文法の半ばを過ぎたあたりまでの文法知識 (発音も含む) が問われ，後半で，②内容把握という形によるドイツ語を理解する力 (ヒアリングも含む) が問われます。

前半の①に対応する第 1 章，第 2 章，第 3 章に関しては，今回，従来の形をほぼ踏襲しながら，出題問題の補充，記述の精緻化などを図りました。

後半の②に対応する第 4 章に関しては，対策的側面を強化しました。内容把握という形でドイツ語を理解する力が問われるのですが，特に長文のテキストの場合，第 2 章，第 3 章で出題対象になっていない文法知識 (たとえば分離動詞など) も必要とされ，また，語彙に関しても，4 級というレベルを超えたものが数多く使われるのです。

したがって，本書では，ドイツ語の出題文を読むのに必要な文法事項にも特別な頁を設け，学習の枠組みの中にしっかり位置づけました。また，語彙に関しては，過去の出題語彙の調査結果に基づき，使用される蓋然性の高い語彙を使用するように努めました。特に会話文では，一定の決まり文句が度々使用されておりますので，それらのリスト化も行ってみました。ただし，率直に述べまして，語彙に関しては，それでもまだまだ十分と言えませんので，

別途,本書の姉妹編『新・独検合格 単語 ＋ 熟語 1800』による語彙力強化
をお勧めします。

　みなさんの合格に少しでもお役に立てればと本書を作成しましたが,一言
あえて付け加えるならば,一番重要なことは,約 60% と言われる合格ライン
をしっかり見据えて,基本的な文法力と語彙力を確実に身に付けることでは
ないでしょうか? 偶然で「とれた」高得点よりも,可能な目標をしっかり意
識し,取れるべくして取った納得の合格点(たとえそれがギリギリの合格点
であっても)の方が,私にはずうっとずうっと価値があると思うのです。こ
れは,高得点が取れそうもない人への,単なる「口先だけの慰め」ではなく,
独検のような,4 級から 3 級へ,3 級から 2 級へと,上の級につながる資格試
験の場合,最も効率的な最善の対策と確信しているからです。語学を学ぶ真
の喜びは,レベルごとの,「メッキ」ではない真の語学力を身に付けることで
はないでしょうか?

　みなさんの頑張りが喜びによって報われますことを心より祈ります。

　　　　　　　　　　　　　　　　　　　　　　　　　　　　　著　者

【追記】--------------------------------------------------------------
各章の出題問題は,本番の試験に慣れるため,実際に出題された形式にでき
るだけ準じて作成してあります。設問の後に記載された (2010 年秋) (2011 年
春) などの表示は,当該の問題が出された年を示します。
なお,本書では,結びつく語句を示すのに次のような記号を用います。
　　　4格 ＝ 4 格の名詞句　　状態 ＝状態を表す語句

## 独検4級の検定基準及び受験情報

　ドイツ語技能検定試験（通称：独検）を主催している財団法人ドイツ語学文学振興会が公表している「4級審査基準」は以下の通りです。

- ■ 基礎的なドイツ語を理解し，初歩的な文法規則を使って日常生活に必要な表現や文が運用できる。
- ■ 家族，学校，職業，買い物など身近な話題に関する会話ができる。簡単な手紙や短い文章の内容が理解できる。
  比較的簡単な文章の内容を聞き，質問に答え，重要な語句や数字を書き取ることができる。
- ■ 対象は，ドイツ語の授業を約60時間（90分授業で40回）以上受講しているか，これと同じ程度の学習経験のある人。

　上記の時間数の基準によれば，独検4級は，4月入学とともにドイツ語を学び始め，90分授業を毎週2回受ければ，秋期の独検（ふつう11月23日）が受験できるということになります。

　過去問をご覧になればお分かりのように，試験は，筆記（60分；配点約75%）と聞き取り（約20分；配点約25%）の二つからなります。合格点は正解率約60%です。

　受験生の皆さんは，試験内容に関して，上記の審査基準よりもさらに具体的かつ確実な情報がほしいところと思いますが，本書は，過去の出題内容を絶えず調査し，新しい傾向を反映させるとともに，ドイツ語の最新の情報を取り入れ，絶えずヴァージョンアップを図っておりますので，十分に信用して，活用していただければと思います。

　なお，試験日程，併願の可能性，実施要領の入手方法，独検事務局への連絡方法などについては独検事務局のサイト http://www.dokken.or.jp/ をご覧になることをお勧めいたします。最新の詳しい情報のみならず，ドイツ語学習に役立つ情報も得ることができます。

# 目 次

## 第1章　単　語 ……………………………………………… 7
第1週
- 1 日目　つづりの読み方 ……………………………………… 9
- 2 日目　アクセント …………………………………………… 14
- 3 日目　母音の長短 …………………………………………… 18
- 4 日目　文中で強調して発音される語（文アクセントの位置）…… 22
- コラム 「ドイツ語の綴り」 …………………………………… 26

## 第2章　動　詞 ……………………………………………… 27
- 5 日目　人称語尾 ……………………………………………… 30
- 6 日目　口調上の e …………………………………………… 33
- 7 日目　語幹が -s/-ß/-z で終わる動詞と
　　　　　動詞 sein/haben ……………………………………… 36

第2週
- 8 日目　不規則変化動詞（1）………………………………… 39
- 9 日目　不規則変化動詞（2）………………………………… 43
- 10日目　話法の助動詞 ………………………………………… 47
- 11日目　命令形 ………………………………………………… 52
- 補足的対策学習 ………………………………………………… 56
- コラム 「ドイツ語の特徴…日本語と比較して…」 ………… 64

## 第3章　名詞・冠詞・前置詞 …………………………… 65
- 12日目　定冠詞・不定冠詞＋名詞（単数形）……………… 67
- 13日目　定冠詞＋名詞（複数形）…………………………… 71
- 14日目　定冠詞類の格変化 …………………………………… 75

| 第3週 | | | |
|---|---|---|---|
| | 15日目 | 不定冠詞類の格変化 | 79 |
| | 16日目 | 前置詞（1） | 84 |
| | 17日目 | 前置詞（2） | 89 |
| | 18日目 | 動詞の格・前置詞支配 | 94 |
| | 19日目 | 人称代名詞 | 98 |
| | 20日目 | 補充学習－A | 102 |
| | | 冠詞の指示代名詞的用法／Ja!, Nein!, Doch!／<br>男性弱変化名詞／形容詞の格変化／比較級と最高級 | |
| | 21日目 | 補充学習－B | 108 |
| | | 疑問詞／並列の接続詞／一般的な語句の語順 | |
| | コラム | 「熟語の挙げ方と不定詞句」 | 116 |

## 第4章　語順・語彙・会話・読解・聞き取り …… 117

| 第4週 | | | |
|---|---|---|---|
| | 22日目 | 語句を挿入する適切な箇所 | 119 |
| | 23日目 | 挿入する適切な語句 | 124 |
| | 24日目 | 会話のやりとりにおける適切な表現 | 128 |
| | 25日目 | 会話文を読んで答える問題 | 132 |
| | 26日目 | テキストを読んで答える問題 | 138 |
| | 27日目 | 聞き取り問題 | 146 |
| | コラム | 「動物の鳴き声とつづり字」 | 152 |

## 第5章　総仕上げ …… 153

| | | | |
|---|---|---|---|
| | 28日目 | 模擬テスト | 154 |

注 本書では，発音の表記にカタカナを用いております。アクセントのある部分（強く読む部分）は太字で示し，また長音は「ー」で示します。

Nacht［ナハト］　夜　　　Name［ナーメ］　名前

## 【ホームページ「独検情報」のご案内】

小社ホームページの「独検情報」サイトで、直近の独検について在間進先生、亀ヶ谷昌秀先生の出題問題のポイント的解説を掲載しています。（独検が実施されてから約1ヶ月後に掲載。都合により予定を変更する場合もあります。） http://www.daisan-shobo.co.jp/news/nc1314.html

また、独検に関する情報を順次アップロードしています。

〜大好評シリーズ〜

### 独検合格4週間 《5級》
A5判／130頁＋別冊18頁／CD付／2色刷
定価　本体1,900円（税別）

### 独検合格4週間 neu（ノイ） 《4級》
A5判／162頁＋別冊40頁／CD付／2色刷
定価　本体2,200円（税別）

### 独検合格4週間 neu（ノイ） 《3級》
A5判／233頁＋別冊62頁／CD付／2色刷
定価　本体2,300円（税別）

### 独検合格4週間 《2級》
A5判／181頁＋別冊51頁／CD付／2色刷
定価　本体2,300円（税別）

### 新・独検合格 単語＋（プラス）熟語1800
四六変形判／272頁／CD2枚付／2色刷
定価　本体2,300円（税別）
★超基礎（5級）から4・3・2級レベル

在間　進／亀ヶ谷昌秀　共著

## 第三書房

〒162-0805　東京都新宿区矢来町106　Tel.03(3267)8531 Fax.03(3267)8606
com@daisan-shobo.co.jp　http://www.daisan-shobo.co.jp

# 第1章

# 単　語

- 1日目　つづりの読み方
- 2日目　アクセント
- 3日目　母音の長短
- 4日目　文中で強調して発音される語
  　　　（文アクセントの位置）

# 第 1 章　単語

## ≪解答に取りかかる前に≫

　文字の連なり，すなわちつづりがちゃんと読めるか，ちゃんと発音できるかなど，「音」に関する出題が第1章です。ポイントは，以下の4つです。

　一つ目は，つづりの読み方です。ドイツ語のつづりは，原則的に音を表わします。したがって，ローマ字を読むように読めばよいのです。たとえば

　　　Name　［ナーメ］*　　名前

　　*本書では，発音の表記にカタカナを用います。上例のように，アクセントのある部分（強く読む部分）は太字で示し，また長音は「ー」で示します。

　しかし，ドイツ語特有のものがありますので，ドイツ語特有のものが出題の主なポイントになります。（9頁以降参照）

　二つ目は，単語のアクセントの位置です。ドイツ語の場合，原則的にアクセントが第1音節にあります。たとえば

　　　Arbeit　［アルバイト］　　仕事　　注 この単語はAr-と-beitの2つ音節からなっています。

　しかし，特定のつづりや外来語の場合などに例外があるので，例外的なものが出題の主なポイントになります。（14頁以降参照）

　三つ目は，母音の長短です。母音には，長く発音するものと短く発音するものがありますが，ふつうつづりを見ると分かるようになっています。たとえば

　　　Mut　　［ムート］　　勇気（子音が1つの場合）
　　　Mutter　［ムッター］　　母　　（子音が2つの場合）

　しかし，外来語も含めて，かなりの例外があります。母音の長短に関する規則と例外が出題の主なポイントになります。（18頁以降参照）

　最後は，文中で読まれる語の強弱です。文には，原則的に①重要な，したがって文中で強く読まれる語（文アクセントのある語）と②重要でない，したがって文中で強く読まれない語（文アクセントのない語）があります。文中でどの語が重要なのかが出題のポイントになります。（22頁以降参照）

第1週 1日目

# 1日目 つづりの読み方

月　　日

**対策問題**　次の条件にあてはまるものが下に挙げた1～4のうちに一つあります。その番号を解答欄に記入しなさい。

〔条件〕下線部の発音が他と異なる。

1　rau<u>ch</u>en　　2　ko<u>ch</u>en　　3　Mil<u>ch</u>　　4　Da<u>ch</u>

解答欄　☐

### 👉 チェック

☐ ドイツ語のつづりは，ローマ字のように読むのが原則。
☐ ただし，ドイツ語特有のつづりの読み方（発音）もある。
☐ ドイツ語特有のつづりが出題のポイントになる。

### 解説と解答

　設問は，つづり ch の発音に関するもの。ch は，母音 a, o, u, au の後ろにある場合とそうでない場合とで発音が異なります。前者の場合は，音標文字で表すと [x]，後者の場合は [ç]。カタカナ表記だと，ach は [アッハ]，och は [オッホ]，uch は [ウフ]，auch は [アオホ] となりますので，「あれっ？」と思う問題かも知れませんが，一度，辞書で発音を確認してください。

　選択肢の4つの単語の発音と意味は以下の通りです。

🎧2

　　rauchen　[ラォヘン　ráuxən]　　タバコを吸う　　（母音 au の後ろ）
　　（注　このような ch も -en の前では「ヘン」になります。）
　　kochen　[コッヘン　kóxən]　　料理する　　（母音 o の後ろ）
　　Milch　[ミルヒ　mɪlç]　　ミルク　　（語末）
　　Dach　[ダッハ　dax]　　屋根　　（母音 a の後ろ）

したがって，正解は **3**。

 設問の対象になるドイツ語特有のつづりは，数が限られています。特に外来語は，つづりが特殊になりますので，要注意です。

9

**対策学習　　　　　つづりの読み方**

☆つづりの読み方に関しては，
　① 「つづりが**異なる**が，発音が**同じ**」単語
　② 「つづりが**同じ**だが，発音が**異なる**」単語
が出題のポイントになります。

> 注　名詞の場合，文法上の性を定冠詞の形（イタリック体）で示します。*der* は男性名詞，*die* は女性名詞，*das* は中性名詞です。

## 1. つづりが異なるが，発音は同じ
### 1.1. 母音

① ai は［アイ］，そして ei も同じように［アイ］と発音されます。

（♪3）
- ☐ M**ai**　　　　*der*　　　5月　　　　　　　　　　　　　　　　［マイ］☐
- ☐ **Ei**　　　　　*das*　　　卵　　　　　　　　　　　　　　　　　［アイ］☐

> 注　Bayern［バイエルン］「バイエルン（州名）」の ay も［アイ］。
> 注　Liebe［リーベ］「愛」などの ie［イー］と混同しないこと！（20頁参照）

② eu と äu は共に［オイ］と発音されます。

- ☐ n**eu**　　　　　　　　　新しい　　　　　　　　　　　　　　　［ノイ］☐
- ☐ Fr**eu**nd　　　*der*　　　友人　　　　　　　　　　　　　　　［フロイント］☐
- ☐ h**äu**fig　　　　　　　　たびたび　　　　　　　　　　　　　　［ホイフィヒ］☐
- ☐ tr**äu**men　　　　　　　夢を見る　　　　　　　　　　　　　　［トロイメン］☐

### 1.2. 子音

① z と tz と語末の -ds, -ts は［ツ］と発音されます。

（♪4）
- ☐ **Z**immer　　　*das*　　　部屋　　　　　　　　　　　　　　　［ツィムマー］☐
- ☐ Ka**tz**e　　　　*die*　　　猫　　　　　　　　　　　　　　　　［カッツェ］☐
- ☐ aben**ds**　　　　　　　　晩に　　　　　　　　　　　　　　　　［アーベンツ］☐
- ☐ nach**ts**　　　　　　　　夜に　　　　　　　　　　　　　　　　［ナハツ］☐

② sch と語頭の sp-, st- の s は［シュ］と発音されます。

- ☐ **Sch**ule　　　　*die*　　　学校　　　　　　　　　　　　　　　　［シューレ］☐
- ☐ **S**port　　　　*der*　　　スポーツ　　　　　　　　　　　　　　［シュポルト］☐
- ☐ **S**tudent　　　*der*　　　大学生，学生　　　　　　　　　　　　［シュトゥデント］☐

## 2. つづりが同じだが，発音が異なる
### 2.1. 語末かどうかで発音が異なるもの

b と d と g は，語末で [プ]，[ト]，[ク] と発音されます。

- Urlau**b**　　*der*　休暇　　　　　　　　　　　　[ウーアラオプ]
- Freun**d**　　*der*　友人　　　　　　　　　　　　[フロイント]
- Ta**g**　　　*der*　日　　　　　　　　　　　　　[ターク]

注 Herbst [ヘルプスト]「秋」の b も [プ]

### 2.2. 母音の前に置かれるかどうかで発音が異なるもの

s は母音の前では [ザ / ズィ / ズ / ゼ / ゾ] となり，それ以外では [ス][シュ] と発音されます。

① 母音の前

- **S**amstag　　*der*　土曜日　　　　　　　　　　[ザムスターク]
- **s**ingen　　　　　　歌う　　　　　　　　　　　[ズィンゲン]
- **S**eptember　*der*　9月　　　　　　　　　　　　[ゼプテムバー]
- **S**ohn　　　　*der*　息子　　　　　　　　　　　[ゾーン]
- **S**uppe　　　 *die*　スープ　　　　　　　　　　[ズッペ]
- **S**üden　　　 *der*　南　　　　　　　　　　　　[ズューデン]
- **S**ystem　　　*das*　システム　　　　　　　　　[ズュステーム]

② それ以外

〈「ス」と発音される場合〉

- Ga**s**t　　　 *der*　客　　　　　　　　　　　　[ガスト]
- Hau**s**　　 　*das*　家　　　　　　　　　　　　[ハオス]
- Wa**ss**er　　 *das*　水　　　　　　　　　　　　[ヴァッサー]
- Stra**ß**e　　 *die*　通り　　　　　　　　　　　[シュトラーセ]

注 語末はかならず [ス]
注 ss, ß は常に [ス]！

〈「シュ」と発音される場合〉

- **S**prache　　*die*　言語　　　　　　　　　　　[シュプラーヘ]
- **S**tein　　　*der*　石　　　　　　　　　　　　[シュタイン]

## 2.3. 前に来る母音によって発音が異なるもの

ch は，**母音 a, o, u, au の後**にある場合，［ハ］，［ホ］，［フ］，［ヘ］のようにカタカナ表記されますが，音標文字では [x] という一つの音です。**それ以外**の場合は，［ヒ］（音標文字では [ç]）と発音されます。

① **母音 a, o, u, au の後** [x]

| | | | |
|---|---|---|---|
| Na**ch**t | die | 夜 | ［ナハト　naxt］ |
| Wo**ch**e | die | 週 | ［ヴォッヘ　vóxə］ |
| Bu**ch** | das | 本 | ［ブーフ　buːx］ |
| brau**ch**en | | 必要とする | ［ブラオヘン　bráuxən］ |

② **それ以外** [ç]

| | | | |
|---|---|---|---|
| i**ch** | | 私は | ［イッヒ　ɪç］ |
| re**ch**ts | | 右に | ［レヒツ　rɛçts］ |
| Mil**ch** | die | ミルク | ［ミルヒ　mɪlç］ |

注 ch を含む ..echs は［エクス］，sch.. は「シュ」，tsch.. は「チュ」。

| | | |
|---|---|---|
| se**chs** | 6 | ［ゼクス］ |
| **Sch**ule　die | 学校 | ［シューレ］ |
| Deu**tsch**　das | ドイツ語 | ［ドイチュ］ |

注 語末の -ig は［イヒ］。

| | | |
|---|---|---|
| zwanz**ig** | 20 | ［ツヴァンツィヒ］ |

## 2.4. 外来語かどうかで，発音が異なるもの

v はふつう［ファ / フィ / フ / フェ / フォ］と発音されますが，**外来語**の場合［ヴァ / ヴィ / ヴ / ヴェ / ヴォ］と発音されます。

| | | | |
|---|---|---|---|
| **V**ater | der | 父 | ［ファーター］ |
| nai**v** | | 純真な | ［ナイーフ］ |
| **V**ase | die | 花瓶 | ［ヴァーゼ］ |
| Uni**v**ersität | die | 大学 | ［ウニヴェルズィテート］ |

## 実戦トレーニング

次の与えられた条件にあてはまるものが各組に一つずつあります。それを下の1～4のうちから選び，番号を丸で囲みなさい。単語の意味も下線部に書きなさい。

1) 下線部の発音が他と**異なる**。
   1 B<u>ie</u>r　　2 L<u>ie</u>be　　3 Famil<u>ie</u>　　4 D<u>ie</u>nstag

2) 下線部の発音が他と**異なる**。
   1 D<u>eu</u>tschland　2 tr<u>äu</u>men　3 Jubil<u>äu</u>m　4 Verk<u>äu</u>ferin

3) 下線部の発音が他と**異なる**。
   1 Pla<u>tz</u>　　2 S<u>t</u>adt　　3 <u>Z</u>oo　　4 nach<u>ts</u>

4) 下線部の発音が他と**異なる**。
   1 <u>S</u>chule　　2 <u>S</u>tudent　　3 <u>S</u>port　　4 kauf<u>s</u>t

5) 下線部の発音が heißen の下線部と**同じである**。
   1 ge<u>s</u>tern　　2 <u>s</u>ingen　　3 Spa<u>ß</u>　　4 S<u>t</u>ein

6) 下線部の発音が Auge の下線部と**異なる**。
   1 <u>G</u>eld　　2 Ta<u>g</u>　　3 <u>G</u>eige　　4 <u>G</u>ruppe

7) 下線部の発音が Milch の下線部と**同じである**。
   1 Bau<u>ch</u>　　2 Ku<u>ch</u>en　　3 Kir<u>ch</u>e　　4 Na<u>ch</u>t

8) 下線部の発音が halb の下線部と**異なる**。
   1 gel<u>b</u>　　2 Her<u>b</u>st　　3 sie<u>b</u>en　　4 sie<u>b</u>zehn

9) 下線部の発音が Universität の下線部と**同じである**。
   1 <u>V</u>ase　　2 Fie<u>b</u>er　　3 <u>V</u>ogel　　4 <u>V</u>orschlag

第1週 2日目

## 2日目 アクセント

月　　日

**対策問題**　次の条件にあてはまるものが下に挙げた1〜4のうちに一つあります。その番号を解答欄に記入しなさい。

〔条件〕下線部にアクセント（強勢）がない。

1　P<u>e</u>rson　　2　Adr<u>e</u>sse　　3　Z<u>e</u>ntrum　　4　Getr<u>ä</u>nk

解答欄　□

### 👉 チェック

- □ アクセント（強勢）は，**第1音節**に置かれるのが原則。
- □ ただし，特に**外来語**の場合，第1音節にアクセントのないものがある。
- □ 第1音節にアクセントのない単語が出題のポイントになる。

### 解説と解答

設問は，アクセントの位置に関するもの。選択肢の4つの単語のアクセントの位置と意味は以下の通りです。

　　　　Person　*die*　　［ペルゾーン］　人
　　　　　　　　　　　（問題の下線は第1音節；アクセントは第2音節）
　　　　Adresse　*die*　　［アドレッセ］　住所
　　　　　　　　　　　（問題の下線は第2音節；アクセントも第2音節）
　　　　Zentrum　*das*　　［ツェントルム］　中心
　　　　　　　　　　　（問題の下線は第1音節；アクセントも第1音節）
　　　　Getränk　*das*　　［ゲトレンク］　飲み物
　　　　　　　　　　　（問題の下線は第2音節；アクセントも第2音節）

下線部にアクセントのない単語は Person ですので，**正解は 1**。なお，Getränk の ge- はアクセントを持たない前つづりです（16頁を参照）。

アクセントの位置が分かれば簡単に解答できる問題ですが，困った時は，第1音節を見て，アクセントがあるかないかの見当をつけましょう。

**対策学習** ……… **アクセント（強勢）の規則** ………………………

☆アクセントに関しては，第1音節にアクセント（強勢）のない単語が出題のポイントになります。

## 1. 原則

アクセントは原則的に第1音節に置かれます。

| | | | |
|---|---|---|---|
| ❏ **A**ntwort | *die* | 答え | ［アントヴォルト］❏ |
| ❏ L**e**hrer | *der* | 先生 | ［レーラー］❏ |
| ❏ B**a**hnhof | *der* | 駅 | ［バーンホーフ］❏ |
| ❏ Kr**a**nkheit | *die* | 病気 | ［クランクハイト］❏ |
| ❏ **U**nterricht | *der* | 授業 | ［ウンターリヒト］❏ |
| ❏ fr**ü**hstücken | | 朝食をとる | ［フリューシュテュッケン］❏ |

☆例外（要注意！）

| | | | |
|---|---|---|---|
| ❏ Rom**a**n | *der* | 小説 | ［ロマーン］❏ |
| ❏ Nat**u**r | *die* | 自然 | ［ナトゥーア］❏ |

## 2. 外来語

ほとんどの外来語は，第1音節にアクセントが置かれません。

### 2. 1. 末尾が -ie/-in/-ei/-um などで終わっているもの

| | | | |
|---|---|---|---|
| ❏ Famil**ie** | *die* | 家族 | ［ファミーリエ］❏ |
| ❏ Mediz**in** | *die* | 医学 | ［メディツィーン］❏ |
| ❏ Poliz**ei** | *die* | 警察 | ［ポリツァイ］❏ |
| ❏ Muse**um** | *das* | 博物館，美術館 | ［ムゼーウム］❏ |

### 2. 2. その他

| | | | |
|---|---|---|---|
| ❏ Adr**e**sse | *die* | 住所 | ［アドレッセ］❏ |
| ❏ Bür**o** | *das* | オフィス | ［ビューロー］❏ |
| ❏ Comp**u**ter | *der* | コンピュータ | ［コンピューター］❏ |
| ❏ Fris**eu**r | *der* | 理髪師 | ［フリゼーア］❏ |
| ❏ Mathemat**i**k | *die* | 数学 | ［マテマティーク］❏ |
| ❏ Mus**i**k | *die* | 音楽 | ［ムジーク］❏ |

| | | | | |
|---|---|---|---|---|
| ☐ Pat**ie**nt | *der* | 患者 | ［パティエント］ | ☐ |
| ☐ Restaur**a**nt | *das* | レストラン | ［レストラーン］ | ☐ |
| ☐ Souven**i**r | *das* | みやげ | ［ズヴェニーア］ | ☐ |
| ☐ Tabl**e**tte | *die* | 錠剤 | ［タブレッテ］ | ☐ |
| ☐ The**a**ter | *das* | 劇場 | ［テアーター］ | ☐ |
| ☐ Universit**ä**t | *die* | 大学 | ［ウニヴェルズィテート］ | ☐ |

☆例外（要注意！）

| | | | | |
|---|---|---|---|---|
| ☐ K**a**mera | *die* | カメラ | ［カメラ］ | ☐ |
| ☐ K**i**no | *das* | 映画 | ［キーノ］ | ☐ |

## 3. アクセントの置かれない前つづり

　前つづり Be-, Emp-, Ent-, Er-, Ge-, Ver-, Zer-（動詞などの場合は，be-, emp-, ent-, er-, ge-, ver-, zer-）にはアクセントが置かれません。

14

| | | | | |
|---|---|---|---|---|
| ☐ **Be**ruf | *der* | 職業 | ［ベルーフ］ | ☐ |
| ☐ **be**suchen | | 訪問する | ［ベズーヘン］ | ☐ |
| ☐ **emp**fehlen | | 推薦する | ［エムプフェーレン］ | ☐ |
| ☐ **Emp**fang | *der* | 歓迎 | ［エムプファング］ | ☐ |
| ☐ **ent**decken | | 発見する | ［エントデッケン］ | ☐ |
| ☐ **Ent**scheidung | *die* | 決定 | ［エントシャイドゥング］ | ☐ |
| ☐ **Er**folg | *der* | 成功 | ［エアフォルク］ | ☐ |
| ☐ **er**klären | | 説明する | ［エアクレーレン］ | ☐ |
| ☐ **Ge**müse | *das* | 野菜 | ［ゲミューゼ］ | ☐ |
| ☐ **ge**hören | | …のものである | ［ゲヘーレン］ | ☐ |
| ☐ **ver**kaufen | | 売る | ［フェアカオフェン］ | ☐ |
| ☐ **Ver**kehr | *der* | 交通 | ［フェアケーア］ | ☐ |
| ☐ **zer**stören | | 破壊する | ［ツェアシュテーレン］ | ☐ |
| ☐ **Zer**störung | *die* | 破壊 | ［ツェアシュテールング］ | ☐ |

## 4. 語末の -ieren

　語末が -ieren で終わる動詞の場合，アクセントは -ieren に置かれます。

15

| | | | |
|---|---|---|---|
| ☐ diskut**ieren** | 討論する | ［ディスクティーレン］ | ☐ |
| ☐ stud**ieren** | （大学で）勉強する | ［シュトゥディーレン］ | ☐ |
| ☐ telefon**ieren** | 電話をかける | ［テレフォニーレン］ | ☐ |

## 実戦トレーニング

*下線部にアクセント（強勢）があるかを問う設問と下線部にアクセント（強勢）がないかを問う設問があります。

次の与えられた条件にあてはまるものが各組に一つずつあります。それを下の1〜4のうちから選び，番号を丸で囲みなさい。単語の意味も下線部に書きなさい。

🎧 16

1) 下線部にアクセント（強勢）がない。
   1 Fr<u>a</u>ge　　2 M<u>u</u>tter　　3 Pr<u>o</u>blem　　4 L<u>e</u>hrer
   ＿＿＿＿　　＿＿＿＿　　＿＿＿＿　　＿＿＿＿

2) 下線部にアクセント（強勢）がある。
   1 <u>A</u>dresse　　2 B<u>a</u>hnhof　　3 Poliz<u>ei</u>　　4 t<u>e</u>lefonieren
   ＿＿＿＿　　＿＿＿＿　　＿＿＿＿　　＿＿＿＿

3) 下線部にアクセント（強勢）がない。
   1 Spr<u>a</u>che　　2 St<u>u</u>dent　　3 Sch<u>u</u>le　　4 S<u>u</u>ppe
   ＿＿＿＿　　＿＿＿＿　　＿＿＿＿　　＿＿＿＿

4) 下線部にアクセント（強勢）がある。
   1 Kin<u>o</u>　　2 M<u>u</u>seum　　3 R<u>e</u>staurant　　4 The<u>a</u>ter
   ＿＿＿＿　　＿＿＿＿　　＿＿＿＿　　＿＿＿＿

5) 下線部にアクセント（強勢）がない。
   1 Jan<u>u</u>ar　　2 Nov<u>e</u>mber　　3 Okt<u>o</u>ber　　4 Sept<u>e</u>mber
   ＿＿＿＿　　＿＿＿＿　　＿＿＿＿　　＿＿＿＿

6) 下線部にアクセント（強勢）がある。
   1 Krankhe<u>i</u>t　　2 M<u>e</u>dizin　　3 Pati<u>e</u>nt　　4 T<u>a</u>blette
   ＿＿＿＿　　＿＿＿＿　　＿＿＿＿　　＿＿＿＿

7) 下線部にアクセント（強勢）がない。
   1 L<u>e</u>hrer　　2 Sch<u>u</u>le　　3 Stud<u>e</u>ntin　　4 <u>U</u>nterricht
   ＿＿＿＿　　＿＿＿＿　　＿＿＿＿　　＿＿＿＿

8) 下線部にアクセント（強勢）がある。
   1 entsch<u>u</u>ldigen　　2 antw<u>o</u>rten　　3 g<u>e</u>hören　　4 st<u>u</u>dieren
   ＿＿＿＿　　＿＿＿＿　　＿＿＿＿　　＿＿＿＿

第 1 週 3 日目

# 3日目　母音の長短

月　　　日

>  次の条件にあてはまるものが下に挙げた 1〜4 のうちに一つあります。その番号を解答欄に記入しなさい。
>
> 〔条件〕下線部が短く発音される。
>
> 1　B<u>a</u>hn　　2　N<u>a</u>me　　3　W<u>a</u>sser　　4　Br<u>ie</u>f
>
> 解答欄 □

### 👉 チェック

- ☐ 後ろの子音が 1 つの場合，母音は長く，2 つ以上の場合，短く読むのが原則。
- ☐ 母音の長短を示す特別なつづりもある。
- ☐ 後ろの子音の数，母音の長短を示すつづりが出題のポイントになる。

### 解説と解答

　設問は，母音の長短に関するもの。まず，母音の後ろを見ます。

　一つ目の Bahn は，母音の後ろに **h**。この h は前の母音を長く読む印。二つ目の Name は，後ろの子音が **1 つ**なので，基本的に母音は長く読まれます。三つ目の Wasser は，後ろが **ss** のように子音が重複しているので，母音は短く読まれます。最後の Brief は，**ie** そのものが［イー］と長く読む長母音のつづりです。

　選択肢の 4 つの単語の発音と意味は以下の通りです。

　　Bahn　*die*　［バーン］　鉄道　　Name　*der*　［ナーメ］　名前
　　Wasser　*das*　［ヴァッサー］水　　Brief　*der*　［ブリーフ］手紙

　下線部の母音が短いのは Wasser ですので，**正解は 3**。

 どのような場合に母音を短く読むかよりも，どのような場合に**長く読む**かが重要です。また，母音の長短に関しても，外来語が出題されることがあります。重要な外来語は，しっかり押さえておきましょう。

## 対策学習 ……… 母音の長短 ………

☆母音の長短に関しては，母音の長短を示すつづりが出題のポイントになります。

### 1. 子音の数
**1.1. 母音の後ろの子音が一つの場合，母音は長く発音されます。**

18
- haben　　　　　持っている　　　　　　　　　　　　　　　　［ハーベン］
- gut　　　　　　よい　　　　　　　　　　　　　　　　　　　［グート］
- Öl　　　das　　オイル　　　　　　　　　　　　　　　　　　［エール］
- Tür　　die　　ドア　　　　　　　　　　　　　　　　　　　［テューア］

**1.2. 母音の後ろに子音が二つある（特に重複している）場合，母音は短く発音されます。**

19
- Mann　　der　　男性　　　　　　　　　　　　　　　　　　　［マン］
- bitte　　　　　どうぞ　　　　　　　　　　　　　　　　　　［ビッテ］
- Mutter　die　　母親　　　　　　　　　　　　　　　　　　　［ムッター］
- kennen　　　　知っている　　　　　　　　　　　　　　　　［ケンネン］
- kommen　　　　来る　　　　　　　　　　　　　　　　　　　［コムメン］
- Tennis　das　　テニス　　　　　　　　　　　　　　　　　　［テニス］
- müssen　　　　…ねばならない　　　　　　　　　　　　　　　［ミュッセン］
- Bank　　die　　銀行　　　　　　　　　　　　　　　　　　　［バンク］
- jung　　　　　若い　　　　　　　　　　　　　　　　　　　［ユング］
- Onkel　der　　おじ　　　　　　　　　　　　　　　　　　　［オンケル］

☆例外（要注意！）
- Obst　　das　　果物　　　　　　　　　　　　　　　　　　　［オープスト］

### 2. それ以外
**2.1. ss の前の母音は短く，ß の前の母音は長く発音されます。**

20
- Fluss　　der　　川　　　　　　　　　　　　　　　　　　　　［フルス］
- Messer　das　　ナイフ　　　　　　　　　　　　　　　　　　［メッサー］
- Fuß　　　der　　足　　　　　　　　　　　　　　　　　　　　［フース］
- Straße　die　　通り　　　　　　　　　　　　　　　　　　　［シュトラーセ］

**2. 2.** つづり aa, ee, oo は，長くのばし［アー］［エー］［オー］と発音されます。

- ☐ H**aa**r　　*das*　　髪　　　　　　　　　　　　　　　　　［ハール］☐
- ☐ T**ee**　　　*der*　　お茶　　　　　　　　　　　　　　　　［テー］☐
- ☐ B**oo**t　　 *das*　　ボート　　　　　　　　　　　　　　　［ボート］☐

**2. 3.** つづり ie は，長くのばし［イー］と発音されます。

- ☐ Br**ief**　　*der*　　手紙　　　　　　　　　　　　　　　　［ブリーフ］☐
- ☐ sp**ie**len　　　　　遊ぶ　　　　　　　　　　　　　　　　［シュピーレン］☐

☆例外（外来語；「イエ」になる）

- ☐ Famil**ie**　　*die*　　家族　　　　　　　　　　　　　　　［ファミーリエ］☐
- ☐ Lin**ie**　　　*die*　　線　　　　　　　　　　　　　　　　［リーニエ］☐

**2. 4.** つづり字 h は母音の後ろに置かれる場合，前の母音が長く発音されます。

- ☐ fa**h**ren　　　　　　(乗り物で) 行く　　　　　　　　　　　［ファーレン］☐
- ☐ So**h**n　　　*der*　　息子　　　　　　　　　　　　　　　　［ゾーン］☐

**2. 5.** ch の場合，ふつう前の母音が短いが，一部長いものもあります。

① 母音が短い

- ☐ Na**ch**t　　　*die*　　夜　　　　　　　　　　　　　　　　［ナハト］☐
- ☐ spre**ch**en　　　　　話す　　　　　　　　　　　　　　　　［シュプレッヒェン］☐

② 母音が長い

- ☐ Spra**ch**e　　*die*　　言語　　　　　　　　　　　　　　　［シュプラーヘ］☐
- ☐ ho**ch**　　　　　　　高い　　　　　　　　　　　　　　　　［ホーホ］☐

## 実戦トレーニング

*下線部の母音が長いものを選ぶ設問と下線部の母音が短いものを選ぶ設問があります。

次の (1)〜(8) の条件にあてはまるものが各組に一つずつあります。それを下の 1〜4 のうちから選び,その番号を丸で囲みなさい。単語の意味も下線部に書きなさい。

1) 下線部が短く発音される。
　　1　Fußball　　2　fragen　　3　Tür　　4　Haar

2) 下線部が長く発音される。
　　1　danken　　2　kochen　　3　weg　　4　wohnen

3) 下線部が短く発音される。
　　1　Tag　　2　Hotel　　3　Zoo　　4　geben

4) 下線部が長く発音される。
　　1　Fußball　　2　Woche　　3　helfen　　4　Sommer

5) 下線部が短く発音される。
　　1　Bier　　2　Lehrer　　3　Fluss　　4　Tee

6) 下線部が長く発音される。
　　1　lernen　　2　Konzert　　3　Zug　　4　lange

7) 下線部が短く発音される。
　　1　Fenster　　2　Büro　　3　Obst　　4　Straße

8) 下線部が長く発音される。
　　1　kurz　　2　falsch　　3　schlecht　　4　gut

第 1 週 4 日目

# 4日目 文中で強調して発音される語（文アクセントの位置）

月　　　日

> **対策問題**　次の条件にあてはまるものが下に挙げた 1～4 のうちに一つあります。その番号を解答欄に記入しなさい。
>
> 〔条件〕問い A に対する答え B の中で，通常最も強調して発音される語
>
>
> 26
>
> 　　A: Was möchtest du, Bier oder Wein?
> 　　　　ヴァス　メヒテスト　　　ビーア　オーダー　ヴァイン
> 　　B: Ich möchte gern Wein.
> 　　　　　　メヒテ　ゲルン
>
> 　1　Ich　　2　möchte　　3　gern　　4　Wein
>
> 解答欄 □

### ☞ チェック

- □ 問いに答えるとき，相手の知りたがっている情報を強調する。
- □ 文中で最も強調される情報，すなわちそれに対応する語は，基本的にドイツ語も日本語も同じ。

### 解説と解答

　問いの文は，「君は何がほしいですか？ ビールあるいはワイン？」。答えの文は，「私はワインがほしいです」。要するに，ビールとワインのどちらがほしいか問われ，ワインがほしいと答えているのですから，最も強調して発音されるのは「ワイン」（Wein）ですね。したがって，正解は 4。日本語と同じ！

> 一語で答えるならば，どう答えるのかを考えるのも一つの方法です。
> たとえば
> 　君は何がほしいですか？ ビールあるいはワイン？ ― 私。
> 　君は何がほしいですか？ ビールあるいはワイン？ ― ほしいな。
> 　君は何がほしいですか？ ビールあるいはワイン？ ― 喜んで。
> 　君は何がほしいですか？ ビールあるいはワイン？ ― ワイン。
> 会話として成り立つのは，最後の「ワイン」ですね。疑問文が疑問詞を含む場合については，【対策学習】を参照。

**対策学習** ····· 文中で最も強調して発音される語 ·····················

☆文中で最も強調して発音される語に関しては，問いの文と答えの文の対比がポイントになります。問いの文には，① 疑問詞を含む疑問文と ② イエスかノーかを問う疑問文がありますが，どちらが問いの文になるかによって，文中で最も強調して発音される語の決め方が異なります。別々に説明をします。

## 1. 疑問詞を含む場合

答えの文では，疑問詞に対応する語が最も強調して発音されます。以下に，疑問詞を含む会話文を挙げますが，答えの文は，最小限で答える場合のものにしてあります。文で答える場合も，これらが最も強調されます。

◎ 27

❑ **wer** ［ヴェーア］ 誰が ❑
A: Wer fährt morgen nach Berlin? 誰が明日ベルリンへ行くのですか？
　　　フェーアト　モルゲン　　ナーハ　ベルリーン （＝ベルリンに行く人は誰？）
B: Hans. ハンスです。
　　ハンス

❑ **was** ［ヴァス］ 何が / 何を ❑
A: Was trinkst du gern? 君は何を飲むのか好きですか？
　　ヴァス　トリンクスト　　　ゲルン （＝喜んで飲むものは何？）
B: Bier. ビールです。
　　ビーア

❑ **wen** ［ヴェーン］ 誰を ❑
A: Wen besucht ihr? 君たちは誰を訪ねるの？
　　　　ベズーフト　イーア （＝君たちが訪ねるのは誰？）
B: Unseren **Lehrer**. 私たちの先生です。
　　ウンゼレン　　　レーラー

答えの部分が複数の語からなる場合，疑問詞に最も対応する語（太字）が強調されます。

❑ **wo** ［ヴォー］ どこに ❑
A: Wo wohnen Sie jetzt? あなたは今どこに住んでいますか？
　　　ヴォーネン　　　イェッツト （＝住んでいるところはどこ？）
B: In **Frankfurt**. フランクフルトです。
　　イン　フランクフルト

23

## 2. 疑問詞を含まない（イエスかノーかを問う）場合

イエスかノーかを問う疑問文の場合，何が問題になっているかをまず考えます。たとえば，

A: Ist das dein Fahrrad?　　　これは君の自転車ですか？
　　　　ダイン　ファールラート

B: Nein, das ist von Hans.　　いいえ，それはハンスのです。
　　　　　　　　フォン　ハンス

という会話の場合，問題になっているのは，自転車の所有者ですね。

次に，対立している部分を考えます。Aさんは，「自転車の所有者は君なのか？」と問い，Bさんが「自転車の所有者はハンスです」と答えているわけですから，対立している語は「君」と「ハンス」ですね。したがって，Bの答えの文では，Hans が最も強調されることになります。すなわち，<u>問題になっていることで対立している語が最も強調して発音されるのです</u>。

類例をいくつか挙げてみます。

A: Trinken Sie gern Wein?　　　あなたはワインを飲むのが好きですか？
　　トリンケン　　　ゲルン　ヴァイン

B: Nein. Ich trinke gern Bier.　　いいえ。私はビールが好きです。
　　ナイン　　　トリンケ　　　ビーア

この場合，問題になっているのは，好きな飲み物ですね。対立している語は Wein と Bier です。したがって，Bの答えの文では，Bier が強調されることなります。

A: Wohnt Herr Schmidt jetzt in Köln?　シュミットさんは今ケルンに住んでいるのですか？
　　ヴォーント　ヘア　シュミット　イェッット　ケルン

B: Nein. Er wohnt jetzt in Berlin.　　いいえ。彼は今ベルリンに住んでいます。
　　ナイン　　　　　　　　　　ベルリーン

この場合，問題になっているのは，シュミットさんの居住地ですね。対立している語は，Köln と Berlin です。したがって，Bの答えの文では，Berlin が強調されることになります。

## 実戦トレーニング

問い A に対する答え B の（下線がある場合は下線部の）中で，通常最も強調して発音される語を下の 1〜4 のうちから選び，その番号を丸で囲みなさい。

1) A: Was bekommt Frank zum Geburtstag?
   B: Er bekommt einen Computer.
   
   1 Er　　　2 bekommt　　　3 einen　　　4 Computer

2) A: Wem schenkst du diese Krawatte?
   B: Ich schenke sie Frank.
   
   1 Ich　　　2 schenke　　　3 sie　　　4 Frank

3) A: Wann fährst du nach Berlin?
   B: Ich fahre morgen nach Berlin.
   
   1 Ich　　　2 fahre　　　3 morgen　　　4 Berlin

4) A: Ist Herr Schmidt Lehrer?
   B: Nein, aber seine Frau ist Lehrerin.
   
   1 seine　　　2 Frau　　　3 ist　　　4 Lehrerin

5) A: Kannst du mir helfen?
   B: Ich nicht. Aber Hans kann dir helfen.
   
   1 Hans　　　2 kann　　　3 dir　　　4 helfen

6) A: Heißt deine Tochter Sabine?
   B: Nein, meine Tante heißt Sabine.
   
   1 meine　　　2 Tante　　　3 heißt　　　4 Sabine

## ● ドイツ語の綴り ●

☆みなさんは，「表意文字」と「表音文字」という言葉を知っていますね。「表意文字」は漢字のように単語の意味を表す文字，「表音文字」はカナ文字のように単語の読み方を表す文字です。「表意文字」は，文字を見れば，(原則として) 単語の意味が分かるのですが，読み方は分かりません。「表音文字」は，文字を見れば，単語の読み方は分かるのですが，意味は分かりません。

☆ドイツ語の綴りは原則として「表音文字」からなっていると言えます。最初にみなさんが「ドイツ語は原則としてローマ字のように読みなさい」と教わるのはそのためなのです。たしかにローマ字とは異なった部分もあるのですが (たとえば，ei は [アイ], ie は [イー] のように)，しかし，それぞれの綴りと読み方の関連性をしっかり覚えておけば，読み方で困ることはないのです。

☆ドイツ語では，このように綴りと単語の読み方が密接に関連しているため，たとえば第 3 章で習う複数形に関してもいくつか綴り上の規則があります。たとえば，e 式の複数形で語末が -s で終っている場合，語末の -s は -ss にしなければなりません。また，-en 式の複数形で語末が -in で終っている場合，語末の -in は -inn にしなければなりません。

| Bekenntnis | das | 告白 | — | Bekenntni**ss**e |
| ベケントニス | | | | ベケントニッセ |
| Ereignis | das | 出来事 | — | Ereigni**ss**e |
| エアアイグニス | | | | エアアイグニッセ |
| Patientin | die | 女性患者 | — | Patienti**nn**en |
| パティエンティン | | | | パティエンティネン |
| Studentin | die | 女子学生 | — | Studenti**nn**en |
| シュトゥデンティン | | | | シュトゥデンティネン |

前者は -e を付けることによって，語末の s が有声音 ([ゼ]) で読まれることを (-se)，後者は語末に -en を付けることによって (-in にアクセントがある) […ティーネン] と読まれることを (-inen) 防ぐためなのです。

☆文法書ではこの綴りの変化をふつう例外的なものとして扱うのですが，これにはそれなりに理由があるのです。言語には本来「理由のない例外はない」のです。

# 第 2 章

# 動　詞

- 5 日目　人称語尾
- 6 日目　口調上の e
- 7 日目　語幹が -s/-ß/-z で終わる動詞と動詞 sein/haben
- 8 日目　不規則変化動詞 (1)
- 9 日目　不規則変化動詞 (2)
- 10 日目　話法の助動詞
- 11 日目　命令形

第 2 章　動詞

## ≪解答に取りかかる前に≫

　ドイツ語の動詞は，形を変えます。動詞の形に関する出題が第 2 章です。ポイントは，以下の 4 つです。

　一つ目は，動詞の規則的な変化です。ドイツ語の動詞は，主語の人称（にんしょう）と数（すう）に応じて語幹に異なった語尾（＝人称語尾）を付けます。人称語尾は，以下のようになります。なお，主語になる人称代名詞については 99 頁を参照。

|  | 単数 |  | 複数 |  |
| --- | --- | --- | --- | --- |
| 1 人称 | ich | -e | wir | -en |
| 2 人称（親称） | du | -st | ihr | -t |
| 3 人称 | er/sie/es | -t | sie | -en |
| 2 人称（敬称） | Sie | -en | Sie | -en |

具体的な動詞（lernen「学ぶ」）の例で示すと，以下のようになります。

|  | 単数 |  | 複数 |  |
| --- | --- | --- | --- | --- |
| 1 人称 | ich | lern-e<br>レルネ | wir | lern-en<br>レルネン |
| 2 人称（親称） | du | lern-st<br>レルンスト | ihr | lern-t<br>レルント |
| 3 人称 | er/sie/es | lern-t | sie | lern-en |
| 2 人称（敬称） | Sie | lern-en | Sie | lern-en |

　このように，動詞が異なる人称語尾を付けることを動詞の人称変化と呼びます。これらの語尾をしっかり覚えているかが問われます。30 頁以降を参照。

　なお，上記のような語尾を付けた形（たとえば lerne など）を定形と呼び，それらの元になる形（語幹に語尾 -en を付けたもの，すなわち lernen）を不定形と呼びます。

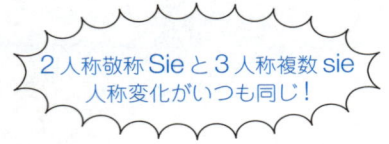

2 人称敬称 Sie と 3 人称複数 sie
人称変化がいつも同じ！

二つ目は，人称変化のバリエーションあるいは不規則変化です。ここで問題になる動詞には，以下のものがあります。

① 口調上のe を挿入する動詞（たとえば warten「待つ」）
② 語末が -s/-ß/-z で終わる動詞（たとえば tanzen「ダンスをする」）
③ 幹母音 a などがウムラウトする動詞（たとえば schlafen「眠る」）
④ 幹母音 e が i あるいは ie に変わる動詞（たとえば helfen「手助けする」）
⑤ 動詞 sein/haben

これらの例外に関する知識が問われます。33頁以降を参照。

三つ目は，話法の助動詞の変化形です。話法の助動詞は，単数で不規則に変化します。たとえば

   **können** …ができる  ich **kann**  du **kannst**  er **kann**
   ケンネン        カン    カンスト

したがって，これらの変化形に関する知識が問われるわけですが，ドイツ語の出題文を理解する上で，話法の助動詞文の作り方および用法についても知っておく必要があります。49頁の説明もしっかり読んでおいてください。

最後は，命令形です。命令の相手が親しい人か（親称），そうでないか（敬称）によって，また親しい人の場合でも，相手が一人か二人以上かによって命令形の作り方が異なります。

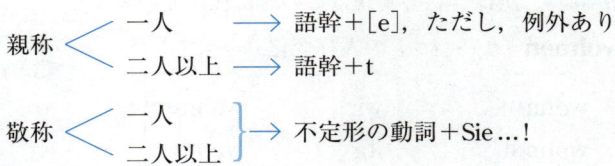

これらの命令形の作り方に関する知識が問われるわけです。

なお，動詞に関しては，分離動詞が直接，出題の対象になっていませんが，出題文に使用されますので，58頁に分離動詞に関する説明を載せましたので，読解力という点から学習しておいてください。また，過去形，各完了形，受動形，接続法などの問題は出されておりませんので，除いてあります。

# 5日目 人称語尾

>
> 次の文で（　）の中に入れるのに最も適切なものを下の1〜4のうちから選び，その番号を解答欄に記入しなさい。
>
> Meine Eltern (　　　) in diesem Dorf.
> マイネ　エルターン　　　　　　　　ドルフ
>
> 1　wohnen　　2　wohnst　　3　wohne　　4　wohnt
> 　　ヴォーネン　　　　ヴォーンスト　　　ヴォーネ　　　ヴォーント
>
> 解答欄 □

注 公式の試験では発音表記は付きません。以下同じです。

### 👉 チェック

- ☐ 動詞は，語幹に主語の人称と数(すう)に応じた語尾(人称語尾)を付ける。
- ☐ 普通名詞や固有名詞の主語は 3 人称として扱う。

### 解説と解答

　選択肢は，wohnen「住んでいる」（wohn- が語幹）の人称変化形。主語 meine Eltern「私の両親」は，普通名詞の複数形。人称代名詞で言い換えると sie「彼ら」（3 人称複数）ですので，それに準じた語尾 -en を付けます。
したがって，正解は 1。訳は「私の両親はこの村に住んでいます」。

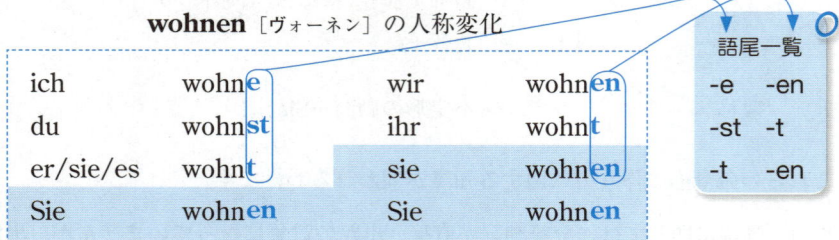

人称語尾は，絶対出る問題ですので，試験が始まったらまず，右上の人称語尾 e-st-t-en-t-en（エストテンテン）を解答用紙の端に書きましょう。

## 対策学習　規則変化の人称語尾

　動詞の形に関しては，主語の人称と数に応じて異なる語尾（人称語尾）が出題のポイントになります。以下は，出題されそうな動詞の人称変化形です。なお，敬称 Sie の人称変化形は省きます（単数複数ともに3人称複数の sie と同じ）。

- fragen　［フラーゲン］　質問をする
  - ich frage（フラーゲ）
  - du fragst*（フラークスト）
  - er fragt*（フラークト）
  - wir fragen
  - ihr fragt*
  - sie fragen

  *..gst/..gt の g は「ク」になる。

- kaufen　［カオフェン］　買う
  - ich kaufe（カオフェ）
  - du kaufst（カオフスト）
  - er kauft（カオフト）
  - wir kaufen
  - ihr kauft
  - sie kaufen

- kochen　［コッヘン］　料理をする
  - ich koche（コッヘ）
  - du kochst（コッホスト）
  - er kocht（コホト）
  - wir kochen
  - ihr kocht
  - sie kochen

- lieben　［リーベン］　愛する
  - ich liebe（リーベ）
  - du liebst*（リープスト）
  - er liebt*（リープト）
  - wir lieben
  - ihr liebt*
  - sie lieben

  *..bst/..bt の b は「プ」になる。

- spielen　［シュピーレン］　（楽器を）弾く；（スポーツを）する
  - ich spiele（シュピーレ）
  - du spielst（シュピールスト）
  - er spielt（シュピールト）
  - wir spielen
  - ihr spielt
  - sie spielen

- studieren　［シュトゥディーレン］　（大学で）学ぶ
  - ich studiere（シュトゥディーレ）
  - du studierst（シュトゥディールスト）
  - er studiert（シュトゥディーアト）
  - wir studieren
  - ihr studiert
  - sie studieren

## 実戦トレーニング

次の文で（　）の中に入れるのに最も適切なものを下の1〜4のうちから選び，その番号を丸で囲みなさい。

1) Hans (　　) ein Buch.
   1 kaufen　　2 kaufe　　3 kaufst　　4 kauft

2) Wir (　　) einen Polizisten nach dem Weg*.　　*＝道について
   1 fragen　　2 frage　　3 fragst　　4 fragt

3) (　　) du jeden Tag*?　　*＝毎日
   1 Kochen　　2 Koche　　3 Kochst　　4 Kocht

4) (　　) ihr Musik?
   1 Lieben　　2 Liebe　　3 Liebst　　4 Liebt

5) (　　) sie〈単数〉Klavier?
   1 Spielen　　2 Spiele　　3 Spielst　　4 Spielt

6) Wo (　　) er?
   1 studieren　　2 studiere　　3 studierst　　4 studiert

7) Die Gäste (　　) das Essen.
   1 loben　　2 lobe　　3 lobst　　4 lobt

---

**単語**

Buch *das* 本　kaufen 買う　Polizisten (<Polizist *der*) 警官（「男性弱変化名詞」，104頁参照）　fragen 尋ねる　kochen 料理する　Musik *die* 音楽　lieben 好きである，愛する　Klavier *das* ピアノ　spielen (楽器を)弾く　wo どこで　studieren 大学で勉強する　Gäste (<Gast *der*) 客たち　Essen *das* 食事　loben ほめる

第 1 週 6 日目

# 6 日目　口調上の e

月　　日

**対策問題**
次の文で（　　）の中に入れるのに最も適切なものを下の 1〜4 のうちから選び，その番号を解答欄に記入しなさい。

（　　）dein Vater hier in München?
　　　　　ダイン　ファーター　ヒーア　ミュンヒェン

1　Arbeite　　2　Arbeitest　　3　Arbeitet　　4　Arbeiten
　　アルバイテ　　　アルバイテスト　　　アルバイテット　　　アルバイテン

解答欄　□

### 👉 チェック

- □ 末尾が -d あるいは -t で終わる動詞の場合，du の語尾は -st でなく，-est に，er と ihr の語尾が -t ではなく，-et になる。
- □ 挿入される e を口調上の e と呼ぶ。

### 解説と解答

選択肢は，語幹が t で終わる動詞 arbeiten「働く」の人称変化形。主語 dein Vater「君のお父さんは」は，普通名詞の単数形。人称代名詞で言い換えると er「彼」(3 人称単数) ですので，それに準じた語尾 -et を付けます。したがって，**正解は 3**。訳は「お父さんはここミュンヘンで働いているの？」。

なお，動詞が文頭にあるのは，イエスかノーかを問う疑問文だからです。

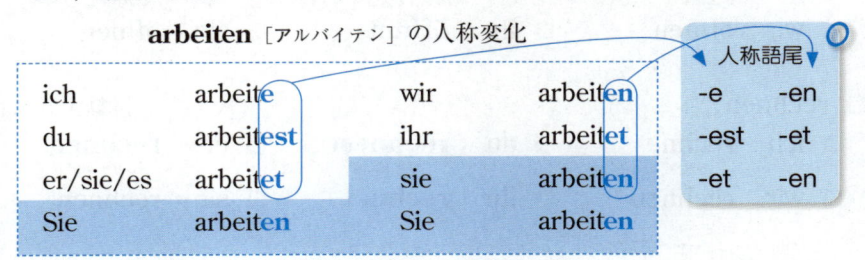

**arbeiten**［アルバイテン］の人称変化

| ich | arbeite | wir | arbeiten | -e | -en |
|---|---|---|---|---|---|
| du | arbeitest | ihr | arbeitet | -est | -et |
| er/sie/es | arbeitet | sie | arbeiten | -et | -en |
| Sie | arbeiten | Sie | arbeiten | | |

▲人称語尾▲

語幹の末尾と語尾のつながりを常に意識することが重要です。ただし，問題になるのは du と er/sie/es と ihr の 3 箇所のみです！

33

## 対策学習 …… 口調上の e を挿入する主な動詞 …………………

　語幹が -d あるいは -t で終わる動詞の場合，主語が du, er/sie/es, ihr のときに，口調上の e を挿入します。この種の動詞の人称変化をいくつか示しますので，この点をしっかり押さえてください。なお，敬称 Sie の変化形は省きます（単数複数ともに 3 人称複数の sie と同じです）。

☐ **antworten**　［アントヴォルテン］　　　　　　　　　　　　　　　答える ☐
　☐ ich　antworte　　　　☐ du　**antwortest**　　☐ er　**antwortet**
　　　　アントヴォルテ　　　　　　　　　アントヴォルテスト　　　　　　アントヴォルテット
　☐ wir　antworten　　　☐ ihr　**antwortet**　　☐ sie　antworten

☐ **warten**　［ヴァルテン］　　　　　　　　　　　　　　　　　　　　待つ ☐
　☐ ich　warte　　　　　☐ du　**wartest**　　　　☐ er　**wartet**
　　　　ヴァルテ　　　　　　　　　　　ヴァルテスト　　　　　　　　ヴァルテット
　☐ wir　warten　　　　☐ ihr　**wartet**　　　　☐ sie　warten

☐ **finden**　［フィンデン］　　　　　　　　　　　　　　　　　　　見つける ☐
　☐ ich　finde　　　　　☐ du　**findest**　　　　☐ er　**findet**
　　　　フィンデ　　　　　　　　　　　フィンデスト　　　　　　　　フィンデット
　☐ wir　finden　　　　☐ ihr　**findet**　　　　☐ sie　finden

☆注意！　末尾が -d/-t でなくても口調上の e を入れる事例

☐ **öffnen**　［エフネン］　　　　　　　　　　　　　　　　　　　　開ける ☐
　☐ ich　öffne　　　　　☐ du　**öffnest**　　　　☐ er　**öffnet**
　　　　エフネ　　　　　　　　　　　エフネスト　　　　　　　　エフネット
　☐ wir　öffnen　　　　☐ ihr　**öffnet**　　　　☐ sie　öffnen

☐ **rechnen**　［レヒネン］　　　　　　　　　　　　　　　　　　　計算する ☐
　☐ ich　rechne　　　　☐ du　**rechnest**　　　☐ er　**rechnet**
　　　　レヒネ　　　　　　　　　　　レヒネスト　　　　　　　　レヒネット
　☐ wir　rechnen　　　☐ ihr　**rechnet**　　　☐ sie　rechnen

「末尾が子音＋n の場合，口調上の e を挿入することがある」という規則があるのですが，私は今もって覚えられません。

## 実戦トレーニング

次の文で（　　）の中に入れるのに最も適切なものを下の 1〜4 のうちから選び，その番号を丸で囲みなさい。

1) （　　） ihr morgen?

  1 Heiratest   2 Heirate   3 Heiratet   4 Heiraten

2) Er （　　） auf der Straße* eine Uhr.   *＝路上で

  1 finden   2 finde   3 findest   4 findet

3) Frank und Renate （　　） kein Wort.

  1 reden   2 rede   3 redest   4 redet

4) Der Stadtplan* （　　） zwei Euro.   *＝市街地図

  1 kosten   2 koste   3 kostest   4 kostet

5) Er （　　） in einer Schule* Englisch.   *＝学校で

  1 unterrichten   2 unterrichte
  3 unterrichtest   4 unterrichtet

6) （　　） du auf den Bus*?   *＝バスを

  1 Warten   2 Wartest   3 Wartet   4 Warte

7) Das Museum （　　） um 9 Uhr*.   *＝9時に

  1 öffnen   2 öffnest   3 öffnet   4 öffne

### 単語

morgen 明日　heiraten 結婚する　Straße *die* 通り　Uhr *die* 時計　finden 見つける　kein 一つも…ない　Wort *das* 語　reden 話す　zwei 2　Euro ユーロ　kosten …の値段である　Schule *die* 学校　Englisch *das* 英語　unterrichten 教える　Bus *der* バス　warten 待つ　Museum *das* 博物館，美術館　öffnen 開く

第1週 7日目

# 7日目 語幹が-s/-ß/-zで終わる動詞と動詞sein/haben

月　　日

**対策問題**　次の(1)～(2)の文で(　　)の中に入れるのに最も適切なものを下の1～4のうちから選び，その番号を解答欄に記入しなさい。

(1) (　　) du gern?
　　　　　　　ゲルン

1　Reisen　2　Reiste　3　Reist　4　Reistet　解答欄 □
　ライゼン　　　ライステ　　　ライスト　　　ライステット

(2) Ich bin müde. (　　) ihr auch müde?
　　 イヒ ビン ミューデ　　　　　アオホ

1　Sind　2　Seid　3　Ist　4　Bist　解答欄 □
　ズィント　　ザイト　　イスト　　ビスト

## ☞ チェック

- □ 語幹末尾が -s, -ß, -z, -tz の場合，du の人称語尾は -t のみになる。
- □ 動詞 sein はまったく独自の人称変化をする。

### 解説と解答

設問(1)の選択肢は，語幹が -s で終わる動詞 reisen「旅をする」の人称変化形。主語が du の場合，人称語尾は -t のみになります (du reis-st ⇒ du reist)。したがって，**正解は 3**。訳は「君は旅行をするのが好きですか？」。

設問(2)の選択肢は，動詞 sein［ザイン］「…である」の人称変化形。主語が ihr の場合，人称変化は seid。したがって，**正解は 2**。訳は「私は疲れています。君たちも疲れていますか？」。なお，müde は「疲れた」，auch は「…も」。

語幹の末尾が［ス］［ツ］ならば，du に対する語尾は -t のみになります。なお，動詞 sein の人称変化は当然，完全暗記。haben の人称変化も！

### 対策学習 … 語幹の末尾が -s, -ß, -z, -tz の主な動詞

語幹が -s, -ß, -z, -tz で終わる動詞の場合，主語が du のときに，人称語尾が -t のみになります。この種の動詞の人称変化をいくつか示しますので，この点をしっかり押さえてください。なお，敬称 Sie の変化形は省きます（単数複数ともに3人称複数の sie と同じです）。

- heißen ［ハイセン］　　　　　　　　　　　　　　　　　　…という名前である ☐
  - ☐ ich　heiße　　　　☐ du　**heißt**　　　　☐ er　heißt
  　　　　　ハイセ　　　　　　　　　　ハイスト　　　　　　　　　ハイスト
  - ☐ wir　heißen　　　☐ ihr　heißt　　　　☐ sie　heißen

- küssen ［キュッセン］　　　　　　　　　　　　　　　　　　キスをする ☐
  - ☐ ich　küsse　　　　☐ du　**küsst**　　　　☐ er　küsst
  　　　　　キュッセ　　　　　　　　　キュスト　　　　　　　　　キュスト
  - ☐ wir　küssen　　　☐ ihr　küsst　　　　☐ sie　küssen

- tanzen ［タンツェン］　　　　　　　　　　　　　　　　　　ダンスをする ☐
  - ☐ ich　tanze　　　　☐ du　**tanzt**　　　　☐ er　tanzt
  　　　　　タンツェ　　　　　　　　　タンツト　　　　　　　　　タンツト
  - ☐ wir　tanzen　　　☐ ihr　tanzt　　　　☐ sie　tanzen

- sitzen ［ズィッツェン］　　　　　　　　　　　　　　　　　　座っている ☐
  - ☐ ich　sitze　　　　☐ du　**sitzt**　　　　☐ er　sitzt
  　　　　　ズィッツェ　　　　　　　　ズィット　　　　　　　　　ズィット
  - ☐ wir　sitzen　　　☐ ihr　sitzt　　　　☐ sie　sitzen

◆ 動詞 sein/haben の人称変化

- sein ［ザイン］　　　　　　　　　　　　　　　　　　　　　　…である ☐
  - ☐ ich　**bin**　　　　☐ du　**bist**　　　　☐ er　**ist**
  　　　　　ビン　　　　　　　　　　ビスト　　　　　　　　　　イスト
  - ☐ wir　**sind**　　　☐ ihr　**seid**　　　☐ sie　**sind**
  　　　　　ズィント　　　　　　　　ザイト　　　　　　　　　　ズィント

- haben ［ハーベン］　　　　　　　　　　　　　　　　　　　　持っている ☐
  - ☐ ich　habe　　　　☐ du　**hast**　　　　☐ er　**hat**
  　　　　　ハーベ　　　　　　　　　ハスト　　　　　　　　　　ハット
  - ☐ wir　haben　　　☐ ihr　habt　　　　☐ sie　haben
  　　　　　　　　　　　　　　　　　ハープト

## 実戦トレーニング

次の文で（　）の中に入れるのに最も適当なものを下の 1～3（ないし 4）から選び，その番号を丸で囲みなさい。

1) Der Schüler (　　) eine Aufgabe.
   1 lösen　　2 löse　　3 löst

2) (　　) du gern?
   1 Tanzen　　2 Tanzt　　3 Tanze

3) Ich (　　) die Tür.
   1 schließt　　2 schließe　　3 schließen

4) Worauf (　　) du?
   1 sitzt　　2 sitze　　3 sitzen

5) (　　) du einen Führerschein?
   1 Besitzen　　2 Besitze　　3 Besitzt

6) Mein Freund (　　) kein Geld.
   1 haben　　2 hast　　3 hat　　4 habt

7) Ich (　　) Student.*
   1 sein　　2 bin　　3 sind　　4 ist

*「…は…です」と身分，職業などを表す場合，冠詞を付けません。

### 単語

Schüler *der* 生徒　Aufgabe *die* （特に数学の）問題　lösen 解く　gern 喜んで　tanzen ダンスをする　Tür *die* ドア　schließen 閉める　worauf 何の上に　sitzen 座っている　Führerschein *der* 運転免許証　besitzen 所有している　mein 私の　Freund *der* 友人　kein 少しも…ない　Geld *das* お金　Student *der* 学生　sein …である

第 2 週 1 日目

# 8日目 不規則変化動詞（1）

月　　日

> **対策問題**　次の文で（　）の中に入れるのに最も適切なものを下の1〜4のうちから選び，その番号を解答欄に記入しなさい。
>
> （　） du auch am Wochenende ans Meer?
> 　　　　　　　アオホ　　　ヴォッヘンエンデ　　　メーア
>
> 1　Fahrt　　2　Fährst　　3　Fahren　　4　Fährt
> 　　ファールト　　　　フェーアスト　　　　ファーレン　　　　フェーアト
>
> 解答欄 □

### チェック

- ☐ 語幹を変えて人称変化する動詞がある。
- ☐ その一つは，幹母音が **2 人称単数 du** と **3 人称単数 er/sie/es** で，**ウムラウト**する。

### 解説と解答

選択肢は，動詞 fahren「（乗り物で）行く」の人称変化形。fahren は，幹母音が 2 人称単数 du と 3 人称単数 er/sie/es でウムラウトして，以下のように人称変化します。

**fahren** [ファーレン] の人称変化

| | | | |
|---|---|---|---|
| ich | fahre [ファーレ] | wir | fahren |
| du | fährst | ihr | fahrt |
| er/sie/es | fährt | sie | fahren |
| Sie | fahren | Sie | fahren |

規則変化！

設問の文の主語は du ですので，**正解は 2**。訳は「君も週末海に行きますか？」。なお am Wochenende は「週末に」，ans Meer は「海に」。

> 母音が変わるのは，主語が du と er/sie/es の場合のみです。他はすべて規則変化です。複数の ihr の場合もウムラウトさせません。規則変化です！

## 対策学習　主な不規則変化動詞の人称変化 (1)

　主語が du および er/sie/es のとき，語幹がウムラウトする動詞があります。この種の動詞の人称変化をいくつか示しますので，主語が du および er/sie/es のときに，動詞の語幹がウムラウトしていることをしっかり押さえてください。なお，敬称 Sie の変化形は省きます（単数複数ともに 3 人称複数の sie と同じです）。

❏ **fallen**　［ファレン］　　　　　　　　　　　　　　　　　　　　落ちる ❏
　❏ ich　falle　　　　　　❏ du　**fällst**　　　　❏ er　**fällt**
　　　　　ファレ　　　　　　　　　　　　フェルスト　　　　　　　　フェルト
　❏ wir　fallen　　　　　 ❏ ihr　fallt　　　　　　❏ sie　fallen
　　　　　　　　　　　　　　　　　　　ファルト

❏ **fangen**　［ファンゲン］　　　　　　　　　　　　　　　　　　　捕える ❏
　❏ ich　fange　　　　　　❏ du　**fängst**　　　　❏ er　**fängt**
　　　　　ファンゲ　　　　　　　　　　フェングスト　　　　　　　　フェングト
　❏ wir　fangen　　　　　 ❏ ihr　fangt　　　　　　❏ sie　fangen
　　　　　　　　　　　　　　　　　　　ファングト

❏ **schlafen**　［シュラーフェン］　　　　　　　　　　　　　　　　眠る ❏
　❏ ich　schlafe　　　　　❏ du　**schläfst**　　　❏ er　**schläft**
　　　　　シュラーフェ　　　　　　　　シュレーフスト　　　　　　　シュレーフト
　❏ wir　schlafen　　　　 ❏ ihr　schlaft　　　　　❏ sie　schlafen
　　　　　　　　　　　　　　　　　　　シュラーフト

❏ **tragen**　［トラーゲン］　　　　　　　　　　　身に付けている；運ぶ ❏
　❏ ich　trage　　　　　　❏ du　**trägst**　　　　❏ er　**trägt**
　　　　　トラーゲ　　　　　　　　　　トレークスト　　　　　　　　トレークト
　❏ wir　tragen　　　　　 ❏ ihr　tragt　　　　　　❏ sie　tragen
　　　　　　　　　　　　　　　　　　　トラークト

❏ **laufen**　［ラオフェン］　　　　　　　　　　　　　　　　走る〈歩く〉 ❏
　❏ ich　laufe　　　　　　❏ du　**läufst**　　　　❏ er　**läuft**
　　　　　ラオフェ　　　　　　　　　　ロイフスト　　　　　　　　　ロイフト
　❏ wir　laufen　　　　　 ❏ ihr　lauft　　　　　　❏ sie　laufen
　　　　　　　　　　　　　　　　　　　ラオフト

## ▎参考

　以下の動詞の人称変化は，一部特殊になります。この特殊な変化形（色つき）が出題されるとは考えにくいのですが，動詞自体は，重要ですので，人称変化形を示しておきます。

(a) ウムラウトした上で，語幹末尾が -ss/-ß なので，主語が du の場合，人称語尾が -st でなく，-t のみになる動詞

- [ ] stoßen　［シュトーセン］　　　　　　　　　　　　　　　　　突く　[ ]
  - [ ] ich　stoße
        シュトーセ
  - [ ] du　**stößt**
        シュテースト
  - [ ] er　stößt*
        シュテースト
  - [ ] wir　stoßen
  - [ ] ihr　stoßt
        シュトースト
  - [ ] sie　stoßen

        ＊ウムラウトする

- [ ] verlassen　［フェアラッセン］　　　　　　　　　　　　　　立ち去る　[ ]
  - [ ] ich　verlasse
        フェアラッセ
  - [ ] du　**verlässt**
        フェアレスト
  - [ ] er　verlässt
        フェアレスト
  - [ ] wir　verlassen
  - [ ] ihr　verlasst
        フェアラスト
  - [ ] sie　verlassen

(b) ウムラウトした上で，語幹末尾が -t なので，主語が er の場合，人称が語尾が何も付かない動詞

- [ ] halten　［ハルテン］　　　　　　　　（離さずに）持って〈握って〉いる　[ ]
  - [ ] ich　halte
        ハルテ
  - [ ] du　hältst
        ヘルツト
  - [ ] er　**hält**
        ヘルト
  - [ ] wir　halten
  - [ ] ihr　haltet
        ハルテット
  - [ ] sie　halten

- [ ] raten　［ラーテン］　　　　　　　　　　　　　　　　　　　忠告する　[ ]
  - [ ] ich　rate
        ラーテ
  - [ ] du　rätst
        レースト
  - [ ] er　**rät**
        レート
  - [ ] wir　raten
  - [ ] ihr　ratet
        ラーテット
  - [ ] sie　raten

## 実戦トレーニング

次の文で（　）の中に入れるのに最も適当なものを下の 1〜4 のうちから選び，その番号を丸で囲みなさい。

1) Hans (　　) ins Wasser*. 　　　　　　　　　　　　　　*＝水の中に
   1 fallen　　2 fallt　　3 fällst　　4 fällt

2) Das Geschenk (　　) dem Kind sehr gut.
   1 gefallen　　2 gefalle　　3 gefällt　　4 gefällst

3) (　　) du gern Schmetterlinge?
   1 Fangen　　2 Fangt　　3 Fängst　　4 Fängt

4) (　　) Anna fest?
   1 Schlafen　　2 Schlaft　　3 Schläfst　　4 Schläft

5) (　　) ihr jeden Tag* im Park**? 　　　　　　　*＝毎日　**＝公園で
   1 Laufen　　2 Lauft　　3 Läuft　　4 Läufst

6) Sie〈3人称複数〉(　　) die Party früh.
   1 verlassen　　2 verlasst　　3 verlässt　　4 verlasse

7) Maria (　　) im Sommer* gern Kleider. 　　　　　　*＝夏に
   1 tragen　　2 tragt　　3 trägst　　4 trägt

### 単語

Geschenk *das* 贈り物　Kind *das* 子供　sehr とても　gut よく　gefallen …に気に入る　gern 喜んで　Schmetterlinge (<Schmetterling *der*) 蝶々　fangen 捕まえる　fest ぐっすり　schlafen 眠る　laufen 走る　Party *die* パーティー　früh 早めに　verlassen 立ち去る　Sommer *der* 夏　Kleider (<Kleid *das*) ワンピース　tragen 身につけている

第2週 2日目

# 9日目 不規則変化動詞（2）

月　日

**対策問題**　次の文で（　）の中に入れるのに最も適切なものを下の1〜4のうちから選び，その番号を解答欄に記入しなさい。（2011年春）

Ich kann ihn nicht verstehen. Er (　　　) immer zu schnell.
カン　イーン　ニヒト　フェアシュテーエン　　　　　　　イムマー　ツー　シュネル

1　sprichst　　2　sprecht　　3　spricht　　4　sprechen
　　シュプリヒスト　　　シュプレヒト　　　シュプリヒト　　　シュプレッヒェン

解答欄　□

### 👉 チェック

☐ 不規則変化動詞のもう一つは，幹母音 e が **2人称単数 du** と **3人称単数 er/sie/es** で **i** あるいは **ie** に変わる。

### 解説と解答

選択肢は，動詞 sprechen「話す」の人称変化形。sprechen は，幹母音 e が 2人称単数 du と 3人称単数 er/sie/es で i に変わり，以下のように人称変化します。

**sprechen**［シュプレッヒェン］の人称変化

| ich | spreche［シュプレッヒェ］ | wir | sprechen |
|---|---|---|---|
| du | spr**i**chst | ihr | sprecht |
| er/sie/es | spr**i**cht | sie | sprechen |
| Sie | sprechen | Sie | sprechen |

規則変化！

主語は er ですので，正解は **3**。訳は「私は彼の言うことが理解できません。彼はいつも話すのが早過ぎる」。なお，kann（＜können）は「…ができる」，ihn は「彼を」，verstehen は「理解する」，immer「いつも」，zu schnell は「早過ぎる」。

不規則に変化するのは，この場合も主語が du と er/sie/es のときのみです。なお，nicht「…ない」の位置については 121 頁を参照。

## 対策学習 … 主な不規則変化動詞の人称変化 (2)

このタイプの不規則動詞には，主語が du および er/sie/es のとき，語幹の e が
① i に変わるものと　② ie に変わるもの
があります。また，一部，つづりも微妙に変わるものもあります。この種の動詞の人称変化をいくつか示しますので，主語が du および er/sie/es のとき，動詞の語幹が i ないし ie に変わっていることをしっかり押さえてください。なお，敬称 Sie の変化形は省きます（単数複数ともに 3 人称複数の sie と同じです）。

### 1. 幹母音 e が i に変わるタイプ

- geben ［ゲーベン］　　　　　　　　　　　　　　　　　　　　与える
  - ich gebe（ゲーベ）
  - du **gibst**（ギープスト）
  - er **gibt**（ギープト）
  - wir geben
  - ihr gebt（ゲープト）
  - sie geben

- helfen ［ヘルフェン］　　　　　　　　　　　　　　　　　　　助ける
  - ich helfe（ヘルフェ）
  - du **hilfst**（ヒルフスト）
  - er **hilft**（ヒルフト）
  - wir helfen
  - ihr helft（ヘルフト）
  - sie helfen

- treffen ［トレッフェン］　　　　　　　　　　　　　　　　　　会う
  - ich treffe（トレッフェ）
  - du **triffst**（トリフスト）
  - er **trifft**（トリフト）
  - wir treffen
  - ihr trefft（トレフト）
  - sie treffen

- werfen ［ヴェルフェン］　　　　　　　　　　　　　　　　　　投げる
  - ich werfe（ヴェルフェ）
  - du **wirfst**（ヴィルフスト）
  - er **wirft**（ヴィルフト）
  - wir werfen
  - ihr werft（ヴェルフト）
  - sie werfen

- essen ［エッセン］　　　　　　　　　　　　　　　　　　　　食べる
  - ich esse（エッセ）
  - du **isst**（イスト）　← issst にならない！
  - er **isst**
  - wir essen
  - ihr esst（エスト）
  - sie essen

## 2. 幹母音 e が ie に変わるタイプ

- **sehen** ［ゼーエン］ 見る ☐
  - ☐ ich sehe (ゼーエ)
  - ☐ du **siehst** (ズィースト)
  - ☐ er **sieht** (ズィート)
  - ☐ wir sehen
  - ☐ ihr seht (ゼート)
  - ☐ sie sehen

- **lesen** ［レーゼン］ 読む ☐
  - ☐ ich lese (レーゼ)
  - ☐ du **liest** (リースト) ← liesst にならない！
  - ☐ er **liest**
  - ☐ wir lesen
  - ☐ ihr lest (レースト)
  - ☐ sie lesen

☆子音も一部変わる！ 要注意！

- **nehmen** ［ネーメン］ 取る ☐
  - ☐ ich nehme (ネーメ)
  - ☐ du **nimmst** (ニムスト)
  - ☐ er **nimmt** (ニムト)
  - ☐ wir nehmen
  - ☐ ihr nehmt (ネームト)
  - ☐ sie nehmen

☆きわめて重要！

- **werden** ［ヴェーアデン］ …になる ☐
  - ☐ ich werde (ヴェーアデ)
  - ☐ du **wirst** (ヴィルスト)
  - ☐ er **wird** (ヴィルト)
  - ☐ wir werden
  - ☐ ihr werdet (ヴェーアデット)
  - ☐ sie werden

---

wissen［ヴィッセン］「知っている」という動詞を知っていますか？ 以下のような特殊な人称変化をします。

- ☐ ich **weiß** (ヴァイス)
- ☐ du **weißt** (ヴァイスト)
- ☐ er **weiß**
- ☐ wir wissen
- ☐ ihr wisst (ヴィスト)
- ☐ sie wissen

Er weiß alles. (アレス) 彼はすべて知っています。

## 実戦トレーニング

次の文で（　）の中に入れるのに最も適当なものを下の 1〜4 のうちから選び，その番号を丸で囲みなさい。

1) Er (　　) einen Ball.
   バル

   1　werfen　　2　werft　　3　wirfst　　4　wirft
   　　ヴェルフェン　　　ヴェルフト　　　ヴィルフスト　　ヴィルフト

2) Hans (　　) Anna zufällig auf der Straße.
   ツーフェッリヒ　　　シュトラーセ

   1　treffen　　2　trefft　　3　triffst　　4　trifft
   　　トレッフェン　　　トレフト　　　トリフスト　　トリフト

3) Mein Onkel (　　) dem Kind Geld.
   キント　ゲルト

   1　geben　　2　gibst　　3　gibt　　4　gebt
   　　ゲーベン　　　ギープスト　　　ギープト　　ゲープト

4) (　　) ihr Deutsch?
   ドイチュ

   1　Sprechen　　2　Sprecht　　3　Sprichst　　4　Spricht
   　　シュプレッヒェン　　シュプレヒト　　　シュプリヒスト　　シュプリヒト

5) (　　) du der Mutter beim Abwaschen*?　　＊＝食器を洗う際に
   ムッター　　　アップヴァッシェン

   1　Helfen　　2　Hilfst　　3　Hilft　　4　Helft
   　　ヘルフェン　　　ヒルフスト　　　ヒルフト　　ヘルフト

6) Er (　　) nicht das Auto, sondern den Zug.
   アオト　ゾンダーン　ツーク

   1　nehmen　　2　nimmst　　3　nimmt　　4　nehmt
   　　ネーメン　　　ニムスト　　　ニムト　　ネームト

7) Ich werde Lehrer, aber mein Freund (　　) Arzt.
   レーラー　　　　　フロイント　　　アールツト

   1　werden　　2　werdet　　3　wirst　　4　wird
   　　ヴェーアデン　　ヴェーアデット　　ヴィルスト　　ヴィルト

---

**単語**

Ball *der* ボール　werfen 投げる　zufällig 偶然に　Straße *die* 通り　treffen 会う　Kind *das* 子供　Geld *das* お金　geben 与える　Deutsch *das* ドイツ語　sprechen 話す　Mutter *die* 母親　nicht ..., sondern 〜 …でなく〜（112頁を参照）　Auto *das* 車　Zug *der* 列車　nehmen 利用する　werden …になる　Lehrer *der* 先生　Freund *der* 友人　Arzt *der* 医者

## 第2週 3日目

# 10日目　話法の助動詞

月　　日

> **対策問題**　次の文で（　）の中に入れるのに最も適切なものを下の1～4のうちから選び，その番号を解答欄に記入しなさい。（2010年春）
>
> （　　　）ihr heute zu Hause sein?
> 　　　　　ホイテ　ツー　ハオゼ　ザイン
> — Ja, wir haben viele Hausaufgaben.
> 　　　　　　　　　フィーレ　ハオスアオフガーベン
>
> 1　Müsst　　2　Muss　　3　Müssen　　4　Musst　　解答欄 □
> 　　ミュスト　　　　ムス　　　　　ミュッセン　　　　ムスト

### 👉 チェック

- ☐ 話法の助動詞も主語の種類に応じて人称変化する。
- ☐ ふつうの動詞（本動詞）は文末に置く。

### 解説と解答

選択肢は，話法の助動詞 müssen［ミュッセン］「…ねばならない」の人称変化形。

**müssen の人称変化**　　　　　　　　　　　　　　　動詞文末

| ich | **muss** | ... sein | wir | müssen | ... sein |
|---|---|---|---|---|---|
| du | **musst** | ... sein | ihr | müsst | ... sein |
| er/sie/es | **muss** | ... sein | sie | müssen | ... sein |
| Sie | müssen | ... sein | Sie | müssen | ... sein |

主語は ihr ですので，正解は **1**。訳は「君たちはきょう家にいなければならないの？―はい，私たちは宿題がたくさんあります」。zu Hause sein で「家にいる」，viele Hausaufgaben で「たくさんの宿題」です。なお，話法の助動詞が文頭に置かれているのは，決定疑問文のため。また，動詞 sein「…にいる」が文末に置かれていることも注意。

> 人称変化形の問題ですので，とにかく主語を確認！

### 対策学習 ……… 話法の助動詞 ………………

☆話法の助動詞に関しては，人称変化形が出題のポイントです。しかし，後半の会話文や読解文では，話法の助動詞が使用されますので，人称変化だけでなく，話法の助動詞文の作り方および用法も学習が必要です。

## 1. 人称変化

| | | | | | | | |
|---|---|---|---|---|---|---|---|
| ☐ dürfen<br>デュルフェン | ☐ ich | **darf**<br>ダルフ | ☐ du | **darfst**<br>ダルフスト | ☐ er | **darf**<br>ダルフ | |
| | ☐ wir | dürfen | ☐ ihr | dürft<br>デュルフト | ☐ sie | dürfen | |
| ☐ können<br>ケンネン | ☐ ich | **kann**<br>カン | ☐ du | **kannst**<br>カンスト | ☐ er | **kann** | |
| | ☐ wir | können | ☐ ihr | könnt<br>ケント | ☐ sie | können | |
| ☐ möchten<br>メヒテン | ☐ ich | möchte<br>メヒテ | ☐ du | möchtest<br>メヒテスト | ☐ er | möchte | |
| | ☐ wir | möchten | ☐ ihr | möchtet<br>メヒテット | ☐ sie | möchten | |
| ☐ mögen<br>メーゲン | ☐ ich | **mag**<br>マーク | ☐ du | **magst**<br>マークスト | ☐ er | **mag** | |
| | ☐ wir | mögen | ☐ ihr | mögt<br>メークト | ☐ sie | mögen | |
| ☐ müssen<br>ミュッセン | ☐ ich | **muss**<br>ムス | ☐ du | **musst**<br>ムスト | ☐ er | **muss** | |
| | ☐ wir | müssen | ☐ ihr | müsst<br>ミュスト | ☐ sie | müssen | |
| ☐ sollen<br>ゾレン | ☐ ich | **soll**<br>ゾル | ☐ du | sollst<br>ゾルスト | ☐ er | **soll** | |
| | ☐ wir | sollen | ☐ ihr | sollt<br>ゾルト | ☐ sie | sollen | |
| ☐ wollen<br>ヴォレン | ☐ ich | **will**<br>ヴィル | ☐ du | **willst**<br>ヴィルスト | ☐ er | **will** | |
| | ☐ wir | wollen | ☐ ihr | wollt<br>ヴォルト | ☐ sie | wollen | |

\*sollen を除き，単数で幹母音が変わります。1人称と3人称が単数でも同形。

## 2. 話法の助動詞の文

**2.1.** 「…してもよい」「…できる」などと述べる文（平叙文）では，話法の助動詞を2番目に置き，本動詞を常に文末に置きます。

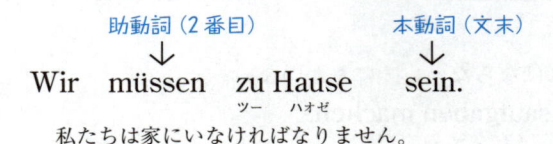

助動詞（2番目）　　　　　本動詞（文末）
↓　　　　　　　　　　　↓
Wir　müssen　zu Hause　sein.
　　　　　　　ツー　ハオゼ
私たちは家にいなければなりません。

**2.2.** イエスかノーを問う疑問文（決定疑問文）では，話法の助動詞は，文頭に置きます。

助動詞（文頭）　　　　　　本動詞（文末）
↓　　　　　　　　　　　↓
Müsst　ihr　zu Hause　sein?
ミュスト
君たちは家にいなければならないのですか？

**2.3.** 疑問詞のある疑問文（補足疑問文）では，話法の助動詞は，疑問詞の後ろに置きます。

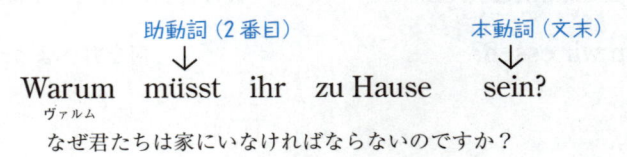

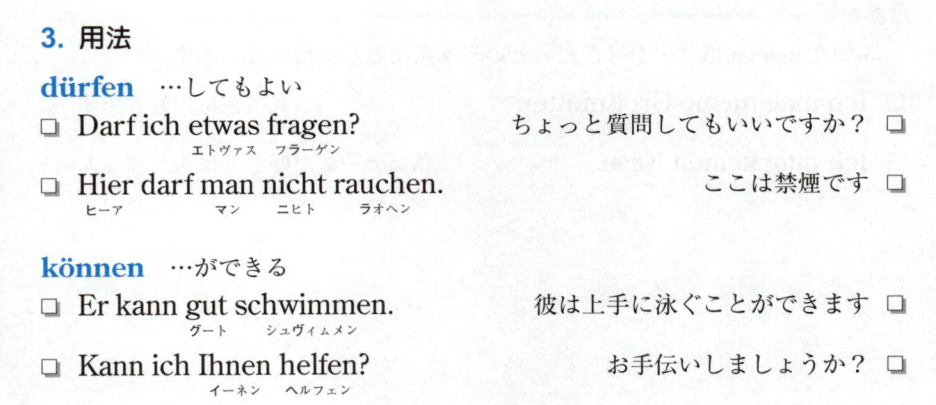

助動詞（2番目）　　　　　本動詞（文末）
↓　　　　　　　　　　　↓
Warum　müsst　ihr　zu Hause　sein?
ヴァルム
なぜ君たちは家にいなければならないのですか？

## 3. 用法

**dürfen**　…してもよい

☐ Darf ich etwas fragen?　　　　　　　ちょっと質問してもいいですか？　☐
　　　　エトヴァス　フラーゲン
☐ Hier darf man nicht rauchen.　　　　ここは禁煙です　☐
　ヒーア　　　マン　ニヒト　ラオヘン

**können**　…ができる

☐ Er kann gut schwimmen.　　　　　　彼は上手に泳ぐことができます　☐
　　　　　　グート　シュヴィムメン
☐ Kann ich Ihnen helfen?　　　　　　　お手伝いしましょうか？　☐
　　　　　イーネン　ヘルフェン

### möchten　…したい

- Ich möchte Bier trinken.　　　　　　　　私はビールが飲みたい
- Was möchtest du trinken?　　　　　　　君は何を飲みたいですか？

### müssen　…しなければならない；…にちがいない

- Er muss die Hausaufgaben machen.
  　　　　　　　　　　　　　　　　　　　彼は宿題をしなければならない
- Er muss bald kommen.　　　　　　　　彼はまもなく来るにちがいない

### sollen　…すべきである（主語に対する要求）

- Soll ich auf dich warten?　　　　　　　君を待っていようか？
- Wir sollen auf Thomas warten.
  　　　　　　　　　　　　　　　私たちはトーマスを待つように言われています

### wollen　…するつもりだ

- Er will ins Ausland fahren.　　　　　　彼は外国に行くつもりです
- Was wollen wir essen?　　　　　　　　何を食べようか？

---

**参考**

ふつう mögen は「…が好きだ」という本動詞として用いられます。

- Ich mag meine Großmutter.　　　　　　私は祖母が好きです
- Ich mag keinen Käse.　　　　　　　私はチーズが好きではありません

## 実戦トレーニング

次の文で（　）の中に入れるのに最も適切なものを下の1〜4のうちから選び，その番号を丸で囲みなさい。

1) Du (　　　) mitkommen.
   1 dürfen　　2 dürfe　　3 darf　　4 darfst

2) Du (　　　) heute Abend zu Hause sein.
   1 müssen　　2 muss　　3 musst　　4 müsst

3) Ich (　　　) zum Arzt gehen.
   1 müsst　　2 muss　　3 müsse　　4 musste

4) Mein Großvater (　　　) sehr gut Geschichten erzählen.
   1 können　　2 kann　　3 kannst　　4 könnt

5) Ich (　　　) die Stadt besichtigen.
   1 möchten　　2 möchte　　3 möchtest　　4 möchtet

6) Wo (　　　) ich auf dich warten?
   1 sollen　　2 soll　　3 sollst　　4 sollt

7) Sie (　　　) Ärztin werden.
   1 wollt　　2 wollest　　3 willst　　4 will

### 単語

mitkommen 一緒に行く　heute Abend 今晩　zu Hause sein 家にいる　Arzt *der* 医者　gehen 行く　Großvater *der* 祖父　sehr とても　gut 上手に　Geschichten (<Geschichte *die*) 物語　erzählen 語る　Stadt *die* 町　besichtigen 見学する　wo どこで　dich 君を　warten 待つ　Ärztin *die* 女医　werden なる

# 11日目　命令形

第2週 4日目

月　　日

**対策問題**　次の文で（　　）の中に入れるのに最も適切なものを下の1～4のうちから選び，その番号を解答欄に記入しなさい。(2010年秋)

Wohnst du nicht mehr bei deinen Eltern?
ヴォーンスト　ニヒト　メーア　バイ　　　　エルターン
（　　）mal bitte deine Adresse!
　　　　マール　　　　アドレッセ

1　Schreib　2　Schreiben　3　Schreibst　4　Schreibt
　シュライブ　　シュライベン　　シュライプスト　　シュライプト

解答欄　□

### 🖝 チェック

- ☐ 命令形には，親称の命令形（du/ihr に対応）と敬称の命令形（Sie に対応）の2つがある。
- ☐ du/ihr に対応する命令形は「語幹＋-e/-t」。主語は付けない。
- ☐ du に対応する命令形の場合，-e が省かれることもある。
- ☐ Sie に対応する命令形は「不定詞＋Sie …!」という形になる。

**解説と解答**

　選択肢は，動詞 schreiben「書く」の人称変化形と語尾のない Schreib。（　）を含む文には感嘆符が付いているので，命令文か感嘆文。文脈などから考えると命令文，そして前の文との関連で，du に対する命令文と考えられます。

　du に対する命令形は，語幹に e を付けます。ただし，この e は省かれることがあるので，**正解は 1**。訳は「もうご両親のところに住んでいないの？　ちょっと君の住所を書いてよ！」。wohnst（＜wohnen）は「住んでいる」，nicht mehr は「もはや…でない」，bei deinen Eltern は「君の両親のところに」。mal は「ちょっと」，Adresse は「住所」。

> まず，文末の感嘆符「！」に注意。命令文か感嘆文の印。次に，主語があるかないかに注意。Sie があれば，敬称の命令文，何もなければ，親称の命令文。親称の場合，文脈で du か ihr かを決めます。

**対策学習　命令形の作り方**

☆命令形に関しては，du に対する命令形なのか，ihr に対する命令形なのか，あるいは Sie に対する命令形なのかが出題のポイントになります。du に対する不規則の命令形は未だ出題されていませんが，十分に出題対象になりえますので，それらも含めて，以下に説明をします。

## 1. 親称の命令形

**1.1.** du（親称）の命令形（相手が一人）は，（次の 1.2. の場合を除き）不定詞の語幹に -e を付けます。ihr（親称）の命令形（相手が二人以上）は，不定詞の語幹に -t を付けます。

| | | | | |
|---|---|---|---|---|
| ☐ lernen | 学ぶ | (du **lern**st)<br>レルンスト | → **lern-e**!<br>レルネ | 学べ！ ☐ |
| | | (ihr **lern**t)<br>レルント | → **lern-t**! ←人称変化形と同一 | |
| ☐ kommen | 来る | (du **komm**st)<br>コムスト | → **komm-[e]**$^1$!<br>コム/コメ | 来い！ ☐ |
| | | (ihr **komm**t)<br>コムト | → **komm-t**! ←人称変化形と同一 | |

☆口調上の e を挿入する動詞

| | | | | |
|---|---|---|---|---|
| ☐ warten | 待つ | (du **wart**est)<br>ヴァルテスト | → **wart-e**$^2$!<br>ヴァルテ | 待て！ ☐ |
| | | (ihr **wart**et)<br>ヴァルテット | → **wart-et**$^3$! ←人称変化形と同一 | |

注 1：du に対する命令形の語尾 -e はしばしば省かれます。特に不規則動詞の場合。
注 2：語末が -d/-t の場合，du に対する命令形の語尾 e は省略しません。
注 3：語末が -d/-t の場合，ihr に対する命令形では，口調上の e を入れます。

**1.2.** 2 人称・3 人称の単数現在で幹母音 e を i あるいは ie に変える動詞の場合，du（親称）の命令形は，幹母音を変えた語幹のみで作ります。語尾 -e を付けません。ihr（親称）の命令形は，規則変化の動詞に準じて，不定詞の語幹に -t を付けます。

| | | | | |
|---|---|---|---|---|
| ☐ geben | | (du **gib**st)<br>ギープスト | → **gib**!<br>ギープ | あたえろ！ ☐<br>くれ！ ☐ |
| | | (ihr **geb**t)<br>ゲープト | → **gebt**! | |

- sprechen 話す (du **sprich**st) → **sprich**! 話せ！
  シュプリヒスト　　シュプリヒ
  (ihr **sprech**t) → **sprecht**!
  シュプレヒト
- lesen 読む (du **lies**t) → **lies**! 読め！
  リースト　　　　リース
  (ihr **lest**) → **lest**!
  レースト
- sehen 見る (du **sieh**st) → **sieh**! 見ろ！
  ズィースト　　　ズィー
  (ihr **seh**t) → **seht**!
  ゼート

## 2. 敬称の命令形

　Sie（敬称）の命令形は，疑問文と同一の形式を用います。ただしイントネーションを命令口調にし，感嘆符を付けます（「不定詞＋Sie ... !」）。

- **Gehen Sie hier geradeaus!** ↘　　　ここをまっすぐ行きなさい！
  ゲーエン　ヒーア　ゲラーデアオス
- **Nehmen Sie sofort Platz!** ↘　　　すぐ座りなさい！
  ネーメン　　ゾフォルト　プラッツ

## 3. 動詞 sein「…である」の命令形

- **Sei** bitte still!　　　　　　　　　　（君）静かにして！
  ザイ　ビッテ　シュティル
  （親称；一人の場合）

- **Seid** bitte still!　　　　　　　　　（君たち）静かにして！
  ザイト
  （親称；二人以上の場合）

- **Seien** Sie bitte still!　　　　（あなた［がた］）静かにしてください！
  ザイエン　　　　　　 ── Sind Sie ... ではない！
  （敬称；一人の場合および二人以上の場合）

## 実戦トレーニング

次の文で（　　）の中に入れるのに最も適切なものを下の1〜4のうちから選び、その番号を丸で囲みなさい。

1) (　　) bitte! Kannst du das Fenster zumachen?　(2009年春)

   1　Entschuldigen　　　2　Entschuldige
   3　Entschuldigt　　　　4　Entschuldigst

2) Ich habe Angst. (　　) nicht* zu schnell!

   1　Fahren　　2　Fahr　　3　Fährst　　4　Fährt

　　　　　　　　　　　　　*nicht の位置については 121 頁を参照。

3) (　　) mal bitte den Regenschirm, Maria!

   1　Halt　　2　Hält　　3　Hältst　　4　Halten

4) Tschüs, Frank. (　　) bald wieder!

   1　Komm　　2　Kommen　　3　Kommt　　4　Kommst

5) Gisela, bitte, (　　) mir mal!

   1　hilfst　　2　helfen　　3　helft　　4　hilf

6) (　　) Sie bitte in der Bibliothek ruhig!

   1　Sind　　2　Seid　　3　Bist　　4　Seien

---

**単語**

entschuldigen 許す　kannst (<können) …ができる　Fenster *das* 窓　zumachen 閉める　Angst *die* 不安　zu …過ぎる　schnell 速い　fahren (乗り物で)走る　halten つかんで持っている　Regenschirm *der* 傘　bald まもなく　wieder 再び　kommen 来る　helfen 手助けをする　mal ちょっと　Bibliothek *die* 図書館　ruhig 静かな

【補足的対策学習】

## I. 話法の助動詞の独立的用法

ドイツ語の出題テキストには，話法の助動詞が単独で用いられる事例があります（<u>独立的用法</u>）。以下の場合に，本動詞は省略されます。

**(1) 方向を表す語句と用いられている場合**

  Ich möchte ins Kino.  私は映画に行きたい。
   メヒテ  キーノ
            （＝Ich möchte ins Kino gehen）

  Ich muss zum Arzt.  私は医者に行かなければなりません。
      アールツト
            （＝Ich muss zum Arzt gehen）

**(2) 文脈から省略される動詞が自明の場合**

  Er kann gut Japanisch.  彼は日本語が上手です。
      ヤパーニッシュ

  Ich will jetzt meine Ruhe.  私はいまそっとしておいてもらいたい。
     イェッツト  ルーエ

## II. 未来形

<u>未来形</u>は，未来の助動詞 werden［ヴェーアデン］と不定詞との組合せによって作られます。なお，多くの場合，推測の意味を表し，「…だろう／…でしょう」と訳します。

〔人称変化〕 kommen **werden** 「来るでしょう」

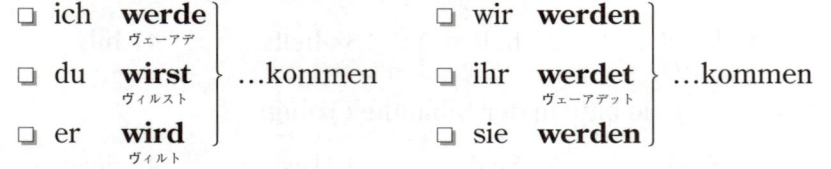

  ❏ ich **werde**      ❏ wir **werden**
     ヴェーアデ
  ❏ du **wirst** }…kommen ❏ ihr **werdet** }…kommen
     ヴィルスト         ヴェーアデット
  ❏ er **wird**       ❏ sie **werden**
     ヴィルト

なお，未来形の文は，話法の助動詞の文に準じて作られます。

〔平叙文〕  Er **wird** bald kommen.  彼はまもなく来るでしょう。
    第2位！   バルト   文末！

〔決定疑問文〕 **Wird** er bald kommen?  彼はまもなく来るだろうか。
       文頭！

〔補足疑問文〕 **Wann wird** er kommen?  いつ彼は来るだろうか。
      ヴァン  第2位！

## III. 不定形の語尾が -n の動詞

### 1. 不定形の語尾 -n

不定形の語尾が -n になる動詞があります。動詞の語幹が -el-/-er- で終わる場合，不定形の語尾が -n (すなわち -eln および -ern) になるのです。たとえば，

  angeln　［アンゲルン］　　釣りをする
  rudern　［ルーデルン］　　ボートを漕ぐ

### 2. 人称変化

この種の動詞は，1人称複数および3人称複数の定形もそれぞれ **-eln** および **-ern** になります。そしてまた，1人称単数 (主語が ich) では，前者の場合はかならず，後者の場合は口語で **e** が削除されます。

#### A) -eln で終わる動詞

❑ **angeln**　［アンゲルン］　　　　　　　　　　　　　　　　　　　　　　釣りをする ❑
 ❑ ich **angle**　　❑ du **angelst**　　❑ er/sie/es **angelt**
   アングレ　　　　　　　アンゲルスト　　　　　　　　　　アンゲルト
 ❑ wir **angeln**　❑ ihr **angelt**　　❑ sie **angeln**

❑ **lächeln**　［レッヒェルン］　　　　　　　　　　　　　　　　　　　　　ほほえむ ❑
 ❑ ich **lächle**　　❑ du **lächelst**　　❑ er/sie/es **lächelt**
   レッヒレ　　　　　　　レッヒェルスト　　　　　　　　　　レッヒェルト
 ❑ wir **lächeln**　❑ ihr **lächelt**　　❑ sie **lächeln**

#### B) -ern で終わる動詞

❑ **ändern**　［エンデルン］　　　　　　　　　　　　　　　　　　　　　　変える ❑
 ❑ ich **änd[e]re**　❑ du **änderst**　　❑ er/sie/es **ändert**
   エンデレ/エンドゥレ　　　エンデルスト　　　　　　　　　　エンデルト
 ❑ wir **ändern**　❑ ihr **ändert**　　❑ sie **ändern**
   エンデルン

❑ **rudern**　［ルーデルン］　　　　　　　　　　　　　　　　　　　　　　ボートをこぐ ❑
 ❑ ich **rud[e]re**　❑ du **ruderst**　　❑ er/sie/es **rudert**
   ルーデレ/ルードゥレ　　　ルーデルスト　　　　　　　　　　ルーデルト
 ❑ wir **rudern**　❑ ihr **rudert**　　❑ sie **rudern**

【補足的対策学習】

# IV. 分離動詞

☆分離動詞は，直接，出題の対象になりませんが，出題文で使用されますので，補足的対策学習の対象として取り上げ，文法的説明をします。使用される分離動詞は，数が多くありませんし，最終的には，訳せるようになればよいので，2に挙げた具体例を暗記してしまうのが一番合理的です。

## 1. 分離前つづりと分離動詞

文中で用いる場合（副文以外），分離前つづりと基礎になる動詞（基礎動詞）に分かれる動詞があります。たとえば

Der Zug **kommt** um halb neun ***an***.　列車は8時半に到着します。
　　 ツーク　　　　　　ハルプ　ノイン

これは，ankommen［アンコンメン］「到着する」という一つの動詞が文中で基礎動詞 **kommt** と分離前つづり ***an***（文末に置かれる）に分かれてできた文です。したがって，このような動詞の文を訳そうとする場合，基礎動詞と分離前つづりをくっつけた形（たとえば上例の場合 ankommen）の意味を知っておく必要があります。なお，このような動詞を分離動詞と呼びます。

kommt ... an　→　an|kommen

（辞書では縦線を入れて示します。）

## 2. 人称変化

分離動詞の場合，基礎動詞が，単独の場合と同じように，人称変化します。

**an|kommen**
到着する

| | | | | |
|---|---|---|---|---|
| ich | komme ... an | | wir | kommen ... an |
| du | kommst ... an | | ihr | kommt ... an |
| er/sie/es | kommt ... an | | sie | kommen ... an |
| Sie | kommen ... an | | Sie | kommen ... an |

【参考】
**kommen** の人称変化

| ich | komme | wir | kommen |
|---|---|---|---|
| du | kommst | ihr | kommt |
| er/sie/es | kommt | sie | kommen |
| Sie | kommen | Sie | kommen |

なお，基礎動詞が不規則変化する場合，やはり不規則に変化します。

| **ab\|fahren**<br>アップファーレン<br>出発する | ich | fahre ... ab<br>ファーレ | wir fahren ... ab |
| --- | --- | --- | --- |
| | du | **fährst ... ab**<br>フェーアスト | ihr fahrt ... ab<br>ファールト |
| | er/sie/es | **fährt ... ab**<br>フェーアト | sie fahren ... ab |
| | Sie | fahren ... ab | Sie fahren ... ab |

【参考】

**fahren** の人称変化

| ich | fahre | wir | fahren |
| --- | --- | --- | --- |
| du | fährst | ihr | fahrt |
| er/sie/es | fährt | sie | fahren |
| Sie | fahren | Sie | fahren |

## 3. 主要な分離前つづりと用例

*分離前つづりは，文末に現れる状態で示します。

### ... an

- **an\|kommen** ［アンコンメン］　　　　　　　　　到着する
- Der Zug *kommt* bald **an**.　　　　　　　　　　列車はまもなく着きます
  ツーク　コムト　バルト
- **an\|rufen** ［アンルーフェン］　　　　　　　　　電話をかける
- Karl *ruft* seinen Onkel **an**.　　　　　　　　　カールはおじに電話をかけます
  カール　ルーフト　ザイネン　オンケル

### ... auf

- **auf\|stehen** ［アオフシュテーエン］　　　　　　起きる
- Wann *steht* er morgens **auf**?　　　　　　　　彼は朝何時に起きるのですか？
  ヴァン　シュテート　モルゲンス

### ... aus

- **aus\|gehen** ［アオスゲーエン］　　　　　　　　外出する
- Ich *gehe* heute Abend **aus**.　　　　　　　　　私は今晩外出します
  ゲーエ　ホイテ　アーベント

## 【補足的対策学習】

### … ein

- **ein|laden** ［アインラーデン］ 招待する
- Sie *lädt** ihn zum Tee **ein**. 彼女は彼をお茶に招待します
  レート　　　ツム　テー　*発音に注意

### … um

- **um|steigen** ［ウムシュタイゲン］ 乗り換える
- Ich *steige* in Köln **um**. 私はケルンで乗り換えます
  　シュタイゲ　　ケルン

### … vor

- **vor|stellen** ［フォーアシュテレン］ 紹介する
- Er *stellt* uns seine Verlobte **vor**. 彼は私たちに婚約者を紹介します
  　シュテルト　　ザイネ　フェアロープテ

### … zu

- **zu|machen** ［ツーマッヘン］ 閉める
- Er *macht* das Fenster **zu**. 彼は窓を閉めます
  　マハト　　　フェンスター

### … zurück

- **zurück|kommen** ［ツリュックコンメン］ 戻って来る
- Wann *kommt* er von der Reise **zurück**? いつ彼は旅行から戻るのですか？
  ヴァン　コムト　　フォン　　ライゼ

## V. 再帰代名詞，再帰動詞

☆再帰代名詞および再帰動詞は，直接，出題の対象になりませんが，出題文で使用されますので，簡単な文法的説明をしておきます。使用される再帰動詞は，数が多くありませんし，最終的には，訳せるようになればよいので，2に挙げる具体例を暗記してしまうのも一つの手です。

## 1. 再帰代名詞

**1.1.** 「自分」という意味を持つ代名詞を<u>再帰代名詞</u>と呼びます。ただし，3人称および2人称敬称の3格と4格で **sich** [ズィッヒ] という特別な形を用いる以外は，人称代名詞と同形です (99頁参照)。

|      |    | 1人称 | 2人称<br>親称 | 3人称 | 2人称<br>敬称 |
|------|----|------|------|------|------|
| 単数 | 1格 | *ich*<br>私は | *du*<br>君は | *er/sie/es*<br>彼は/彼女は/それは | *Sie*<br>あなたは |
|      | 3格 | **mir**<br>ミーア | **dir**<br>ディーア | **sich**<br>ズィッヒ | **sich** |
|      | 4格 | **mich**<br>ミッヒ | **dich**<br>ディッヒ | **sich** | **sich** |
| 複数 | 1格 | *wir*<br>私たちは | *ihr*<br>君たちは | *sie*<br>彼[女]らは/それらは | *Sie*<br>あなたたちは |
|      | 3格 | **uns**<br>ウンス | **euch**<br>オイヒ | **sich**<br>ズィッヒ | **sich** |
|      | 4格 | **uns** | **euch** | **sich** | **sich** |

**1.2.** 「自分 (すなわち体) を洗う」ということを表すドイツ語を各人称ごとに示すと，次頁のようになります。主語が変わると，それに応じて，<u>自分のことを表す再帰代名詞も変わる</u>のです。

| ich | wasche<br>ヴァッシェ | **mich** | wir | waschen<br>ヴァッシェン | **uns** |
|-----|-----|-----|-----|-----|-----|
| du | wäschst<br>ヴェシュスト | **dich** | ihr | wascht<br>ヴァシュト | **euch** |
| er/sie/es | wäscht<br>ヴェシュト | **sich** | sie | waschen | **sich** |
| Sie | waschen | **sich** | Sie | waschen | **sich** |

## 2. 再帰動詞

　再帰代名詞と結びついて，一つのまとまった意味を表す動詞を**再帰動詞**と呼びます。再帰代名詞と再帰動詞の結合を示す場合，再帰代名詞は **sich** で代表させます。なお，ドイツ語では，動詞と他の語句との結合を示す場合，「他の語句＋動詞」のように，動詞を末尾に置いた形を用います。これを**不定詞句**と呼びます（116 頁を参照）。

- **sich⁴ auf+ 4格 +freuen**　［フロイエン］　　　　　　…⁴を楽しみにする
- Die Kinder freuen sich auf die Ferien.
  キンダー
  　　　　　　　　　　　　　　　　　子供たちは休暇を楽しみにしています

- **sich⁴ ärgern**　［エルゲルン］　　　　　　　　　　　　　　　　　怒る
- Ich ärgere mich über ihn.　　　　　　　私は彼に腹を立てています
  エルゲレ　　　ユーバー　イーン

- **sich⁴ bedanken**　［ベダンケン］　　　　　　　　　　　　　　　感謝する
- Er bedankt sich bei ihr für das Geschenk.
  ベダンクト　　　バイ　イーア　　　　　　　ゲシェンク
  　　　　　　　　　　　　　　　　　　彼は彼女の贈り物に感謝します

- **sich⁴ an+ 4格 +erinnern**　［エアインネルン］　　　　…⁴ を思い出す
- Ich erinnere mich an den Tag.　　私はあの日のことを思い出します
  エアインネレ　　　　　　ターク

- **sich⁴ + 状態 +fühlen**　［フューレン］　　　　　　　　　…と感じられる
- Er fühlt sich einsam.　　　　　　　　　　　彼は寂しく感じます
  フュールト　　　アインザーム

- **sich⁴ für+ 4格 +interessieren**　［インテレスィーレン］…⁴ に興味を持つ
- Er interessiert sich für Musik.　　彼は音楽に興味を持っています
  インテレスィーアト　　　　ムズィーク

- **sich⁴ setzen**　［ゼッツェン］　　　　　　　　　　　　　　　　　座る
- Das Kind setzt sich auf die Bank.　　　　子供はベンチに座ります
  キント　ゼット　　　　　　　バンク

　注　 4格 は 4 格の名詞句を， 状態 は状態を表す形容詞などを示します。

## ■参考■ 【非分離つづりと非分離動詞】

前つづりの付く動詞の中には，前つづりの分離しない動詞もあります。これらを非分離動詞と呼びますが，それらを前つづりと一緒に一覧表として以下に示します。

### be-
- Er besteigt einen Berg.　　　　　　　　彼は山に登ります
- Die Polizei befreit die Geisel.　　　　警察は人質を解放します

### emp-
- Er empfängt den Gast in seinem Arbeitszimmer.
　　　　　　　　　　　　　　　　彼は客を自分の仕事部屋で迎えます
- Ich empfinde keine Schmerzen.　　　　私は痛みを感じません

### ent-
- Das kann ich nicht entscheiden.　　　それは私は決められません
- Das Hotel entspricht meinen Erwartungen.
　　　　　　　　　　　　　　　　そのホテルは私の期待通りです

### er-
- Er erlaubt seinen Kindern alles.　　彼は子供たちに何でも許可します
- Ich erwarte Sie um 9 Uhr.　　　　　　9時にお待ちしております

### ge-
- Das Bild gefällt mir nicht.　　　　　その絵は私は気に入りません
- Das Haus gehört mir nicht.　　　　　その家は私のものではありません

### miss-
- Ich misstraue dem Mann.　　　　　　私はその男を信用しません
- Bitte missverstehen Sie mich nicht!
　　　　　　　　　　　　どうか私のことを誤解しないでください！

### ver-
- Er verlässt gegen 8 Uhr seine Wohnung.　　彼は8時頃家を出ます
- Diesen Satz verstehe ich nicht.　　この文を私は理解できません

### zer-
- Ein Teller fällt zu Boden und zerbricht.　皿が床に落ちて割れます
- Er zerreißt den Brief.　　　　　　　彼は手紙を引き裂きます

## ● ドイツ語の特徴 …日本語と比較して… ●

☆日本語では，話し方を見れば，話し手が女性か男性かが大体わかりますが，ドイツ語では原則的に女性も男性も同じように話します。「彼はあした来るだろうか」も「あの人はあす来るかしら」もドイツ語にすればともに Kommt er morgen? となります。女性の方が男性よりも頻繁に bitte「どうぞ」とか danke「ありがとう」を用いるとの調査結果もありますが，原則的には女性言葉とか男性言葉とかいうものがないのです。

☆日本語では，相手の社会的地位などに応じて言葉遣いを変えますが，ドイツ語では相手の地位が高くても低くても原則的に同じ言葉遣いをします。たとえば，2人称の人称代名詞 du（親称）と Sie（敬称）の区別も相手との上下関係にもとづくものではありません。これは親しさの度合という相互関係にもとづくもので，一方が du を用いれば他方も du，一方が Sie を用いれば他方も Sie を用いるのです。日本語ではたとえば，先生が学生に対して「君は…」と言うからといって，学生も先生に対して「君は…」と言えば，大問題ですね。日本語では言葉遣いが<u>相手との上下関係で決められる</u>のに対し，ドイツ語では<u>親しさという相互関係によって決められる</u>と言えるでしょう。

☆日本語の場合，たとえば「君は彼女に花を贈りますか」と尋ねられて，「はい，贈ります」とか「はい，花を贈ります」など，語句を比較的自由に省略できますが，ドイツ語で Schenkst du ihr Blumen? と尋ねられた場合，（イ）と（ニ）が正しい文で，（ロ）と（ハ）は文法的に間違いです。なぜこれらが間違いなのかわかりますか？

  （イ） Ja.
  （ロ） ［誤］Ja, schenke.
  （ハ） ［誤］Ja, ich schenke ihr.
  （ニ） Ja, ich schenke sie ihr.

ドイツ語では，動詞を用いる場合，動詞と密接な関係にある「だれが」「何を」「だれに」などの<u>目的語は必ずくり返さなければならない</u>のです。そのため，ドイツ語は，物事の論理関係を常に強く意識するきわめて論理的な言葉と言われています。

# 第3章

# 名詞・冠詞・前置詞

| | |
|---|---|
| 12日目 | 定冠詞・不定冠詞＋名詞（単数形） |
| 13日目 | 定冠詞＋名詞（複数形） |
| 14日目 | 定冠詞類の格変化 |
| 15日目 | 不定冠詞類の格変化 |
| 16日目 | 前置詞（1） |
| 17日目 | 前置詞（2） |
| 18日目 | 動詞の格・前置詞支配 |
| 19日目 | 人称代名詞 |
| 20日目 | 補充学習－A |
| 21日目 | 補充学習－B |

第3章 名詞，冠詞，前置詞

## ≪解答に取りかかる前に≫

　名詞に関する出題が第3章です。ただこの場合，ポイントを一つひとつ切り離して，別個に対策を立てることができません。と言いますのは，名詞に関する出題には，
　① 文法上の性
　② 数（すう）
　③ 格
の3つがポイントになるのですが，これらは常に組み合わせられて出題されるからです（注1）。
　また，名詞には，ほとんどいつも何らかの冠詞が伴い，かつ，この冠詞の方が大きく形を変えるため，出題の焦点が名詞自体よりも，むしろ冠詞の形の方に置かれるからです（注2）。

　したがって，本章では，まず「定冠詞・不定冠詞＋名詞（単数）」という，単数に限定した課を設け，「文法上の性」と「格」の説明を行います。そして，その後，「定冠詞＋名詞（複数）」，「定冠詞・不定冠詞以外の冠詞＋名詞（単数・複数）」，「前置詞＋名詞（単数・複数）」へと，対策を進めたいと思います。
　なお，名詞と冠詞などの結びついたものを名詞句と呼びます。

【注1】　すでに述べましたが，本書では，格を示すのに次の記号を用います。
　　　　　4格 ＝ 4格の名詞　　3格 ＝ 3格の名詞
【注2】　名詞に冠詞が何も付かない典型的な場合が職業や国籍を表す場合です。
　　　　　Er ist Arzt.　　　　　彼はお医者さんです。
　　　　　　　アールツト
　　　　　Er ist Österreicher.　彼はオーストリア人です。
　　　　　　　エースタライヒャー

第2週 5日目

# 12日目 定冠詞・不定冠詞＋名詞（単数形）

月　　日

> **対策問題**　次の文で（　　）の中に入れるのに最も適切なものを，下の1～4のうちから選び，その番号を解答欄に記入しなさい。
>
> Kennst du den Namen (　　　　)? — Ja, er heißt Frank Schmidt.
> ケンスト　　　　　　ナーメン　　　　　　　　　　　ヤー　　　ハイスト
>
> 1　der Lehrer　　2　des Lehrers
> 　　デア　レーラー　　　　デス　レーラース
>
> 3　dem Lehrer　　4　den Lehrer
> 　　デム　　　　　　　　　　デン
>
> 解答欄 □

### 👉 チェック

- □ 名詞句は，<u>文法上の性，数</u>（すう），<u>格</u>に基づいて形を変える。
- □ 男性名詞と中性名詞の場合，<u>単数2格</u>で語尾 -s あるいは -es が付く。
- □ 2格語尾 <u>-s と -es の使い分け</u>は口調上の問題である。
- □ 定冠詞・不定冠詞は，文法上の性，数，格に基づいて大きく形を変える。

### 解説と解答

選択肢の名詞 Lehrer「教師」は男性名詞。与えられているのは，定冠詞を伴う1格，2格，3格，4格の形です。

　der Lehrer＝1格（その教師が）　　des Lehrers＝2格（その教師の）
　dem Lehrer＝3格（その教師に）　　den Lehrer ＝4格（その教師を）

設問は，（　）を無視して訳すと，「君は…名前を知っていますか？―はい，彼の名前はフランク・シュミットです」。前後関係から見て，（　）にふさわしいのは，2格形「その教師の（名前を）」ですね。したがって，<u>正解は2</u>。

名詞が出てきたら，その<u>文法上の性，数，格</u>をかならず確認する習慣を身に付けてください。これは，物事を考える訓練にもなります！

**対策学習** … 「定冠詞・不定冠詞＋名詞」の単数の格変化 …………………

☆「定冠詞＋名詞」に関しては，文法上の性，数，格に基づく格変化が出題のポイントになります。一つひとつしっかり学習してください。

### 1. 文法上の性

名詞は，必ず男性名詞，女性名詞，中性名詞のいずれかに属します。

| | | | | | |
|---|---|---|---|---|---|
| ❏ Vater | ［ファーター］ | der | 父 | 男性名詞 | ❏ |
| ❏ Mutter | ［ムッター］ | die | 母 | 女性名詞 | ❏ |
| ❏ Kind | ［キント］ | das | 子供 | 中性名詞 | ❏ |
| ❏ Lehrer | ［レーラー］ | der | 教師 | 男性名詞 | ❏ |
| ❏ Lehrerin | ［レーレリン］ | die | 女性教師 | 女性名詞 | ❏ |

事物を表わす名詞にも，文法上の性があります。文法上の性はあくまで文法上の決まりで，生物上の性とは無関係なのです。

| | | | | | |
|---|---|---|---|---|---|
| ❏ Teller | ［テラー］ | der | 皿 | 男性名詞 | ❏ |
| ❏ Tasse | ［タッセ］ | die | カップ | 女性名詞 | ❏ |
| ❏ Glas | ［グラース］ | das | コップ | 中性名詞 | ❏ |

### 2. 数

名詞は，文中ではかならず単数か複数の形になります。詳細は 72 頁を参照。

### 3. 格

他の語句との，名詞句（冠詞も含む全体）の関係を格と言います。格には，1 格，2 格，3 格，4 格があります。大ざっぱに言って，1 格は日本語の「…が／は」，2 格は「…の」，3 格は「…に」，4 格は「…を」に対応します。

### 4. 単数形の格変化

「名詞と定冠詞・不定冠詞」の形は，文法上の性，数，格によって決まります。複数形は，次の課で学びますので，ここでは，単数形に限定して，それらがどのような形になるかを示します。

① 「定冠詞＋名詞（単数）」

|  | 男性名詞の場合 | 女性名詞の場合 | 中性名詞の場合 |
|---|---|---|---|
| 1格 | der Vater 父<br>デア ファーター | die Mutter 母<br>ディー ムッター | das Kind 子供<br>ダス キント |
| 2格 | des Vaters<br>デス ファータース | der Mutter<br>デア | des Kindes<br>キンデス |
| 3格 | dem Vater<br>デム | der Mutter | dem Kind |
| 4格 | den Vater<br>デン | die Mutter | das Kind |

② 「不定冠詞＋名詞（単数）」

|  | 男性名詞の場合 | 女性名詞の場合 | 中性名詞の場合 |
|---|---|---|---|
| 1格 | ein Vater 父<br>アイン | eine Mutter 母<br>アイネ | ein Kind 子供<br>アイン |
| 2格 | eines Vaters<br>アイネス | einer Mutter<br>アイナー | eines Kindes<br>アイネス |
| 3格 | einem Vater<br>アイネム | einer Mutter | einem Kind |
| 4格 | einen Vater<br>アイネン | eine Mutter | ein Kind |

## 5. 2格語尾

　男性名詞と中性名詞の2格には，2格語尾として -s か -es を付けます。-s と -es のどちらにするかは<u>口調上の問題</u>で，文法上の性とは無関係です。大ざっぱに言うと，1音節の名詞の場合は -es，2音節以上の名詞の場合は -s です。

☆細則1：語末が -s/-ß/-tz/-zt の名詞は，2格語尾がかならず -es になります。

| Haus | *das* | ［ハオス］ | 家 | → | des Haus**es** | ［ハオゼス］ |
| Fuß | *der* | ［フース］ | 足 | → | des Fuß**es** | ［フーセス］ |
| Platz | *der* | ［プラッツ］ | 場所 | → | des Platz**es** | ［プラッツェス］ |
| Arzt | *der* | ［アールツト］ | 医者 | → | des Arzt**es** | ［アールツェス］ |

☆細則2：アクセントのない音節を末尾にもつ名詞は，2格語尾がかならず -s になります。

| Lehrer | *der* | ［レーラー］ | 教師 | → | des Lehrer**s** | ［レーラース］ |
| Mädchen | *das* | ［メートヒェン］ | 女の子 | → | des Mädchen**s** | ［メートヒェンス］ |

注　特殊な格変化の男性名詞（「男性弱変化名詞」）については 104 頁参照。

## 実戦トレーニング

次の文で（　）の中に入れるのに最も適切なものを下の 1〜4 のうちから選び，その番号を丸で囲みなさい。

1) Wir lieben die Mutter und (　　).
   1 der Vater  2 dem Vater  3 des Vaters  4 den Vater

2) Peter wohnt in der Nähe (　　).
   1 der Bahnhof  2 des Bahnhofs
   3 dem Bahnhof  4 den Bahnhof

3) Der Vater hat (　　).
   1 ein Auto  2 eines Autos  3 dem Auto  4 des Autos

4) Er schenkt (　　) eine Uhr.
   1 Mutter  2 eine Mutter  3 der Mutter  4 die Mutter

5) (　　) wäscht das Kind.
   1 Der Mutter  2 Die Mutter
   3 Einer Mutter  4 Mutter

6) Haben Sie Geschwister? — Ja, ich habe (　　).
   1 ein Bruder  2 eines Bruders
   3 einen Bruder  4 einem Bruder

7) Was ist sie? — Sie ist (　　).
   1 Lehrer  2 Lehrerin  3 der Lehrer  4 die Lehrerin

### 単語

lieben 愛している　Mutter *die* 母親　und そして　wohnen 住んでいる　Nähe *die* 近く　Auto *das* 車　schenken 贈る　Uhr *die* 時計　wäscht (<waschen) 洗う　Geschwister 〈複数形〉兄弟姉妹　Bruder *der* 兄弟　was 何

第2週 6日目

# 13日目 定冠詞＋名詞（複数形）

月　　日

**対策問題**　次の文で（　）の中に入れるのに最も適切なものを下の1～4のうちから選び，その番号を解答欄に記入しなさい。

Die（　　）spielen jetzt Fußball.
　　　　　　シュピーレン　イェット　フースバル

1　Mann　　2　Männer　　3　Mannes　　4　Männern
　　マン　　　　　メンナー　　　　　マネス　　　　　メンナーン

解答欄　□

### チェック
- □ 複数形の作り方には5種類ある。
- □ 複数形も，単数形の場合と同じように，格変化をする。
- □ 定冠詞は，（文法上の性の区別はなくなり）1種類の格変化をする。

**解説と解答**

選択肢の名詞 Mann「男性」は男性名詞。与えられているのは，その単数形と複数形。格変化形を定冠詞と一緒に示すと，以下のようになります。

| 単数 | 1格 | der | Mann  | 複数 | 1格 | die | Männer |
|------|-----|-----|-------|------|-----|-----|--------|
|      | 2格 | des | Mann**es** |  | 2格 | der | Männer |
|      | 3格 | dem | Mann  |      | 3格 | den | Männer**n** |
|      | 4格 | den | Mann  |      | 4格 | die | Männer |

Die（　　）の部分を無視して設問を訳すと，「今サッカーをしています」。前後関係から見て，（　　）にふさわしい語は，主語（＝1格）で，そして，動詞の定形が spielen ですから，複数形になります。したがって，**正解は 2**（男性・複数・1格）。訳は「男性たちは今サッカーをしています」。

> 複数形の作り方を簡単に覚える方法はないのかとよく尋ねられます。別の，もう一つの単語だ！　くらいに思ってもらうのが一番ですが…。

**対策学習** ……… 「定冠詞＋名詞（複数形）」 ………………

☆「定冠詞＋名詞」の複数形に関しては，①**複数形の作り方**と②**格変化**が出題ポイントになります。具体的事例をいくつか挙げますので，語彙力を付けるためにも，それらもしっかり学習してください。

## 1. 複数形の作り方

複数形の作り方には以下の5種類あります。

### 1.1. ゼロ語尾

単複同形

- ☐ Lehrer     *der*   ［レーラー］      先生         *die* Lehrer ☐
- ☐ Schüler    *der*   ［シューラー］    生徒         *die* Schüler ☐
- ☐ Zimmer    *das*   ［ツィムマー］    部屋         *die* Zimmer ☐
- ☐ Mädchen   *das*   ［メートヒェン］  女の子       *die* Mädchen ☐

〈ウムラウトするもの〉　　　　　　　　　　　　　　ウムラウト

- ☐ Apfel      *der*   ［アップフェル］  リンゴ       *die* Äpfel ☐
- ☐ Vogel      *der*   ［フォーゲル］    鳥           *die* Vögel ☐
- ☐ Bruder     *der*   ［ブルーダー］    兄／弟       *die* Brüder ☐
- ☐ Tochter    *die*   ［トホター］      娘           *die* Töchter ☐

### 1.2. -e式

- ☐ Freund     *der*   ［フロイント］    友達         *die* Freunde ☐
- ☐ Hund       *der*   ［フント］        犬           *die* Hunde ☐
- ☐ Tag        *der*   ［ターク］        日           *die* Tage ☐

〈ウムラウトするもの〉　　　　　　　　　　　　　　ウムラウト

- ☐ Arzt       *der*   ［アールツト］    医者         *die* Ärzte ☐
- ☐ Baum       *der*   ［バオム］        木           *die* Bäume ☐
- ☐ Gast       *der*   ［ガスト］        客           *die* Gäste ☐
- ☐ Zahn       *der*   ［ツァーン］      歯           *die* Zähne ☐

## 1.3. -er 式

| | | | | | |
|---|---|---|---|---|---|
| ☐ Kind | *das* | [キント] | 子供 | *die* Kind**er** | ☐ |
| ☐ Bild | *das* | [ビルト] | 絵 | *die* Bild**er** | ☐ |
| ☐ Ei | *das* | [アイ] | 卵 | *die* Ei**er** | ☐ |
| ☐ Kleid | *das* | [クライト] | ドレス | *die* Kleid**er** | ☐ |

〈ウムラウトするもの〉

| | | | | | |
|---|---|---|---|---|---|
| ☐ Mann | *der* | [マン] | 男 | *die* M**ä**nn**er** | ☐ |
| ☐ Haus | *das* | [ハオス] | 家 | *die* H**äu**s**er** | ☐ |
| ☐ Wort | *das* | [ヴォルト] | 語 | *die* W**ö**rt**er** | ☐ |
| ☐ Buch | *das* | [ブーフ] | 本 | *die* B**ü**ch**er** | ☐ |

## 1.4. -[e]n 式

| | | | | | |
|---|---|---|---|---|---|
| ☐ Blume | *die* | [ブルーメ] | 花 | *die* Blume**n** | ☐ |
| ☐ Frage | *die* | [フラーゲ] | 質問 | *die* Frage**n** | ☐ |
| ☐ Insel | *die* | [インゼル] | 島 | *die* Insel**n** | ☐ |
| ☐ Frau | *die* | [フラオ] | 女性 | *die* Frau**en** | ☐ |

## 1.5. -s 式

| | | | | | |
|---|---|---|---|---|---|
| ☐ Auto | *das* | [アオト] | 自動車 | *die* Auto**s** | ☐ |
| ☐ Bonbon | *der* | [ボンボン] | キャンディー | *die* Bonbon**s** | ☐ |
| ☐ Foto | *das* | [フォート] | 写真 | *die* Foto**s** | ☐ |

**2.** 複数形の格変化は，文法上の性の区別がなくなります。そして3格で -n を付けるだけです。ただし，複数形がすでに -n あるいは -s で終わっている場合は何の語尾も付けません。

| | | | | |
|---|---|---|---|---|
| 単数1格 | | das Buch | die Frage | das Auto |
| 複数 | 1格 | die Bücher | Fragen | Autos |
| | 2格 | der Bücher | Fragen | Autos |
| | 3格 | den Büchern | Fragen | Autos |
| | 4格 | die Bücher | Fragen | Autos |

定冠詞の格変化は1種類
-n を付ける！
何も付けない！

# 実戦トレーニング

*以下の設問は，名詞の複数形を問うものと冠詞の複数形を問うものですが，「定冠詞＋複数形の名詞」全体を挿入する設問もありえます。

次の文で（　）の中に入れるのに最も適切なものを下の1～4のうちから選び，その番号を丸で囲みなさい。

1) Guck mal, die (　　) sind schön.
   グック　マール　　　　　　　　　シェーン
   1 Schuh　　2 Schuhs　　3 Schuhen　　4 Schuhe
     シュー　　　シュース　　　シューエン　　シューエ

2) Wie viele* (　　) kaufst du?　　　　　　　　　　＊＝いくつの
   ヴィー フィーレ　　カオフスト
   1 Apfel　　2 Äpfel　　3 Äpfeln　　4 Apfels
     アップフェル　エップフェル　エップフェルン　アップフェルス

3) Der Lehrer gibt den (　　) Hausaufgaben.
   レーラー ギープト　　　　　　　ハオスアオフガーベン
   1 Kind　　2 Kinder　　3 Kindern　　4 Kindes
     キント　　キンダー　　　キンダーン　　　キンデス

4) Der Student kauft jede Woche* zwei (　　).　　　＊＝毎週
   シュトゥデント カオフト イェーデ ヴォッヘ ツヴァイ
   1 Buch　　2 Buches　　3 Bücher　　4 Büchern
     ブーフ　　ブーヘス　　ビューヒャー　　ビューヒャーン

5) Wo spielen (　　) Schüler Fußball?
   ヴォー シュピーレン　　　シューラー　フースバル
   1 den　　2 die　　3 das　　4 des

6) Der Lehrer (　　) Schüler ist sehr nett.
   レーラー　　　　　　　　　　　　ゼーア　ネット
   1 die　　2 der　　3 den　　4 des

7) Ich schenke (　　) Mädchen Bücher.
   シェンケ　　　　メートヒェン ビューヒャー
   1 die　　2 der　　3 den　　4 des

### 単語

guck (＜gucken；命令形) 見て　mal ちょっと　schön 美しい　Schuh *der* (複数 Schuhe) 靴　kaufen 買う　Apfel *der* (複数 Äpfel) リンゴ　Lehrer *der* 先生　gibt (＜geben) 与える　Kind *das* (複数 Kinder) 子供　Student *der* 学生　zwei 2つの　Buch *das* (複数 Bücher) 本　wo どこで　spielen (スポーツを)する　Fußball サッカー　Schüler *der* 生徒　sehr とても　nett 親切な　schenken 贈る　Mädchen *das* (複数 Mädchen) 女の子

第 2 週 7 日目

# 14 日目　定冠詞類の格変化

月　　日

> **対策問題**　次の文で（　）の中に入れるのに最も適切なものを下の 1〜4 のうちから選び，その番号を解答欄に記入しなさい。
>
> （　　　）Wagen fährt schnell.
> 　　　　　ヴァーゲン　フェーアト　シュネル
>
> 1　Dieser　　2　Diesem　　3　Dieses　　4　Diesen
>
> 解答欄 □

### 🖙 チェック

- □ 定冠詞に準じる格変化をする dieser［ディーザー］「この」，welcher［ヴェルヒャー］「どの」，jeder［イェーダー］「あらゆる」などを定冠詞類と呼ぶ。
- □ 定冠詞類は，名詞の文法上の性，数（すう），格に基づいて形を変える。

### 解説と解答

選択肢は，dieser［ディーザー］（語幹 dies-）の格変化形（格変化表は次頁）。名詞 Wagen「車」の前でどのような形になるかの問題です。

まず，名詞 Wagen の文法上の性，数，格を確認します。

文法上の性は，「男性」（男性名詞）。

数は，単数複数同形の語ですので，名詞だけを見ていては分かりません。しかし，動詞の定形が fährt（3 人称単数の形；不定形は fahren）ですから，単数と分かります。

格は，動詞 fährt の主語として用いられていますので，1 格。以上のことから，この場合の Wagen は，男性・単数・1 格となるので，正解は 1。訳は「この車は速く走る」。

> 名詞が出てきたら，ふだんから，まず，文法上の性，数を，次に，格を確認する習慣を身に付けましょう。どれ一つ分からなくても，正解を知ることができません。何となく解答するよりも，一つひとつ確認して，論理的な結果として正解に辿り着く方がずっと気持ちがいいですね。

# 対策学習 ・・・・・・・ 定冠詞類の格変化一覧 ・・・・・・・・・・・・・・・・

☆定冠詞類に関する出題では，結びつく名詞の文法上の性，数，格が基礎になります。それらに基づく定冠詞類の格変化は，以下のようになります。しっかり暗記してください。

## 1. 定冠詞 der ［デア］「その」（語幹 d-）

|  | 男性 | 女性 | 中性 | 複数 |
|---|---|---|---|---|
| 1格 | ☐ d-er<br>デア | ☐ d-ie<br>ディー | ☐ d-as<br>ダス | ☐ d-ie |
| 2格 | ☐ d-es<br>デス | ☐ d-er | ☐ d-es | ☐ d-er |
| 3格 | ☐ d-em<br>デム | ☐ d-er | ☐ d-em | ☐ d-en |
| 4格 | ☐ d-en<br>デン | ☐ d-ie | ☐ d-as | ☐ d-ie |

## 2. dieser ［ディーザー］「この」（語幹 dies-）

|  | 男性 | 女性 | 中性 | 複数 |
|---|---|---|---|---|
| 1格 | ☐ dies-er<br>ディーザー | ☐ dies-e<br>ディーゼ | ☐ dies-es | ☐ dies-e |
| 2格 | ☐ dies-es<br>ディーゼス | ☐ dies-er | ☐ dies-es | ☐ dies-er |
| 3格 | ☐ dies-em<br>ディーゼム | ☐ dies-er | ☐ dies-em | ☐ dies-en |
| 4格 | ☐ dies-en<br>ディーゼン | ☐ dies-e | ☐ dies-es | ☐ dies-e |

## 3. welcher ［ヴェルヒァー］「どの」（語幹 welch-）

|  | 男性 | 女性 | 中性 | 複数 |
|---|---|---|---|---|
| 1格 | ☐ welch-er<br>ヴェルヒァー | ☐ welch-e<br>ヴェルヒェ | ☐ welch-es | ☐ welch-e |
| 2格 | ☐ welch-es<br>ヴェルヒェス | ☐ welch-er | ☐ welch-es | ☐ welch-er |
| 3格 | ☐ welch-em<br>ヴェルヒェム | ☐ welch-er | ☐ welch-em | ☐ welch-en |
| 4格 | ☐ welch-en<br>ヴェルヒェン | ☐ welch-e | ☐ welch-es | ☐ welch-e |

**4.** **jeder** [イェーダー]「どの…も」(語幹 jed-)

|  | 男性 | 女性 | 中性 |
|---|---|---|---|
| 1格 | ☐ jed-er<br>イェーダー | ☐ jed-e<br>イェーデ | ☐ jed-es |
| 2格 | ☐ jed-es<br>イェーデス | ☐ jed-er | ☐ jed-es |
| 3格 | ☐ jed-em<br>イェーデム | ☐ jed-er | ☐ jed-em |
| 4格 | ☐ jed-en<br>イェーデン | ☐ jed-e | ☐ jed-es |

複数形はなく、単数形のみ

**5.** **mancher** [マンヒャー]「かなりの数の」(語幹 manch-) と **solcher** [ゾルヒャー]「そのような」(語幹 solch-)

これらは、ふつう複数形で用いられます。

|  | 複数 | 複数 |
|---|---|---|
| 1格 | ☐ manch-e<br>マンヒェ | ☐ solch-e<br>ゾルヒェ |
| 2格 | ☐ manch-er<br>マンヒャー | ☐ solch-er<br>ゾルヒャー |
| 3格 | ☐ manch-en<br>マンヒェン | ☐ solch-en<br>ゾルヒェン |
| 4格 | ☐ manch-e | ☐ solch-e |

Manche Kinder essen keine Karotte.
　　　キンダー　　エッセン　　　　カロッテ
かなりの数の子供がニンジンを食べません。

Solche Krawatten trägt man heute nicht mehr.
　　　クラヴァッテン　トレークト　　　ホイテ　ニヒト　メーア
そのようなネクタイは今日もう身に付けません。

## 実戦トレーニング

次の文で（　）の中に入れるのに最も適切なものを下の1〜4のうちから選び，その番号を丸で囲みなさい。

1) Ist (　　) Platz frei?
   ブラッツ　フライ

   1 dieser　　2 diese　　3 dieses　　4 diesen
   ディーザー

2) Ich benutze meistens (　　) Bus.
   ベヌッツェ　マイステンス　　　　　ブス

   1 dieser　　2 diese　　3 dieses　　4 diesen

3) (　　) Buch kaufst du?
   　　　　ブーフ　カオフスト

   1 Welcher　　2 Welchen　　3 Welches　　4 Welche
   ヴェルヒャー

4) (　　) Städte willst du besuchen?

   1 Welcher　　2 Welches　　3 Welche　　4 Welchem

5) Man muss (　　) Gelegenheit benutzen.
   ムス　　　　　　ゲレーゲンハイト　ベヌッツェン

   1 jeder　　2 jede　　3 jedes　　4 jedem
   イェーダー

6) (　　) Leute mag ich nicht.
   　　　ロイテ　マーク　　ニヒト

   1 Solcher　　2 Solche　　3 Solches　　4 Solchem
   ゾルヒャー

7) (　　) Leute glauben es.
   　　　ロイテ　グラオベン

   1 Mancher　　2 Manche　　3 Manches　　4 Manch
   マンヒャー

---

**単語**

Platz *der* 席　frei 空いている　benutzen 利用する　meistens 大抵　Bus *der* バス　Buch *das* 本　kaufen 買う　Städte (<Stadt *die*) 町　willst (<wollen) …するつもりである　besuchen 訪れる　muss (<müssen) …しなければならない　Gelegenheit *die* 機会　Leute 〈複数形〉人々　mag (<mögen) 好きである　glauben 信じる

第3週 1日目

# 15日目　不定冠詞類の格変化

月　　日

> **対策問題**　次の文で（　）の中に入れるのに最も適切なものを下の1〜4のうちから選び，その番号を解答欄に記入しなさい。
>
> Sie hilft （　　）Freund oft.
> 　ヒルフト　　　　　　フロイント　オフト
>
> 1　mein　　2　meines　　3　meinem　　4　meinen
>
> 解答欄 □

### 👉 チェック

- ☐ **不定冠詞に準じる格変化**をする所有冠詞（具体例は次頁）と否定冠詞 kein [カイン] を**不定冠詞類**と呼ぶ。
- ☐ 不定冠詞類も，名詞の**文法上の性**，**数**(すう)，**格**に基づいて形を変える。ただし複数形は定冠詞類の場合と同じ。

### 解説と解答

　選択肢は，所有冠詞 mein [マイン]「私の」の変化形（語幹 mein-）（格変化表は次頁）。名詞 Freund「友人」の前でどのような形になるかの問題です。
　まず，名詞 Freund の「文法上の性」「数」「格」を確認します。
　**文法上の性**は，「男性」（男性名詞）。
　**数**は，単数（複数形は Freunde）。
　**格**は，説明が少し必要ですね。動詞 hilft は不規則変化動詞 helfen [ヘルフェン]「手助けをする」の3人称単数形で，そしてこの動詞は，3格の目的語と結び付きます（ここも隠された大きなポイント！）。したがって，Freund は3格です。
　以上のことから，この場合の Freund は，男性・単数・3格となるので，**正解は3**。訳は「彼女はしばしば私の友人の手助けをする」。

helfen の人称変化は 44 頁を参照！

> まず，名詞の文法上の性・数を確認し（男性・単数），次に，動詞に注目して格を決める（3格）— そして解答。気持ちがいいでしょう！

79

## 対策学習　不定冠詞類格変化一覧

☆不定冠詞類に関する出題も，結び付く名詞の**文法上の性**，**数**，**格**が基礎になります。それらに基づく不定冠詞類の格変化は以下のようになります。

### 1. 不定冠詞 ein ［アィン］「ある一つの」（語幹 ein-）

|  | 男性 | 女性 | 中性 |
|---|---|---|---|
| 1格 | ❑ ein<br>アイン | ❑ ein-e<br>アイネ | ❑ ein<br>アイン |
| 2格 | ❑ ein-es<br>アイネス | ❑ ein-er<br>アイナー | ❑ ein-es<br>アイネス |
| 3格 | ❑ ein-em<br>アイネム | ❑ ein-er<br>アイナー | ❑ ein-em<br>アイネム |
| 4格 | ❑ ein-en<br>アイネン | ❑ ein-e<br>アイネ | ❑ ein<br>アイン |

　なお，不定冠詞は，「ある一つの」という意味ですから，複数形の名詞に付けることはありません。二つ以上の不特定のものを表す場合，冠詞を付けず，複数形をそのまま用います。

《不特定のものを一つ》　　Ich kaufe auf dem Markt einen Apfel.
　　　　　　　　　　　　　　カオフェ　　　　マルクト　　　　アップフェル
　　　　　　　　　　　　私は市場でリンゴを（一つ）買います。

《不特定のものを二つ以上》　Ich kaufe auf dem Markt Äpfel.
　　　　　　　　　　　　　　　　　　　　　　　　　　エップフェル
　　　　　　　　　　　　私は市場でリンゴを（二つ以上）買います。

### 2. 所有冠詞

| ich | du | er | sie | es | Sie (敬称) |
|---|---|---|---|---|---|
| ❑ mein<br>マイン<br>私の | ❑ dein<br>ダイン<br>君の | ❑ sein<br>ザイン<br>彼の | ❑ ihr<br>イーア<br>彼女の | ❑ sein<br>それの | ❑ Ihr<br>あなたの |
| wir | ihr | sie | | | Sie |
| ❑ unser<br>ウンザー<br>私たちの | ❑ euer<br>オイアー<br>君たちの | ❑ ihr<br>彼[女]らの，それらの | | | ❑ Ihr<br>あなた方の |

## 3. 所有冠詞の格変化

☆**mein**「私の」

|  | 男性 | 女性 | 中性 | 複数 |
|---|---|---|---|---|
| 1格 | ☐ mein<br>マイン | ☐ mein-e<br>マイネ | ☐ mein | ☐ mein-er |
| 2格 | ☐ mein-es<br>マイネス | ☐ mein-er<br>マイナー | ☐ mein-es | ☐ mein-er |
| 3格 | ☐ mein-em<br>マイネム | ☐ mein-er | ☐ mein-em | ☐ mein-en |
| 4格 | ☐ mein-en<br>マイネン | ☐ mein-e | ☐ mein | ☐ mein-e |

☆**dein**「君の」

|  | 男性 | 女性 | 中性 | 複数 |
|---|---|---|---|---|
| 1格 | ☐ dein<br>ダイン | ☐ dein-e<br>ダイネ | ☐ dein | ☐ dein-e |
| 2格 | ☐ dein-es<br>ダイネス | ☐ dein-er<br>ダイナー | ☐ dein-es | ☐ dein-er |
| 3格 | ☐ dein-em<br>ダイネム | ☐ dein-er | ☐ dein-em | ☐ dein-en |
| 4格 | ☐ dein-en<br>ダイネン | ☐ dein-e | ☐ dein | ☐ dein-e |

☆**sein**「彼の」「それの」

|  | 男性 | 女性 | 中性 | 複数 |
|---|---|---|---|---|
| 1格 | ☐ sein<br>ザイン | ☐ sein-e<br>ザイネ | ☐ sein | ☐ sein-e |
| 2格 | ☐ sein-es<br>ザイネス | ☐ sein-er<br>ザイナー | ☐ sein-es | ☐ sein-er |
| 3格 | ☐ sein-em<br>ザイネム | ☐ sein-er | ☐ sein-em | ☐ sein-en |
| 4格 | ☐ sein-en<br>ザイネン | ☐ sein-e | ☐ sein | ☐ sein-e |

☆**ihr**「彼女の」「彼[女]らの，それらの」

|  | 男性 | 女性 | 中性 | 複数 |
|---|---|---|---|---|
| 1格 | ☐ ihr<br>イーア | ☐ ihr-e<br>イーレ | ☐ ihr | ☐ ihr-e |
| 2格 | ☐ ihr-es<br>イーレス | ☐ ihr-er<br>イーラー | ☐ ihr-es | ☐ ihr-er |
| 3格 | ☐ ihr-em<br>イーレム | ☐ ihr-er | ☐ ihr-em | ☐ ihr-en |
| 4格 | ☐ ihr-en<br>イーレン | ☐ ihr-e | ☐ ihr | ☐ ihr-e |

☆**unser**「私たちの」

|   | 男性 | 女性 | 中性 | 複数 |
|---|---|---|---|---|
| 1格 | ☐ unser<br>ウンザー | ☐ unser-e<br>ウンゼレ | ☐ unser | ☐ unser-e |
| 2格 | ☐ unser-es<br>ウンゼレス | ☐ unser-er<br>ウンゼラー | ☐ unser-es | ☐ unser-er |
| 3格 | ☐ unser-em<br>ウンゼレム | ☐ unser-er | ☐ unser-em | ☐ unser-en |
| 4格 | ☐ unser-en<br>ウンゼレン | ☐ unser-e | ☐ unser | ☐ unser-e |

☆**euer**「君たちの」

|   | 男性 | 女性 | 中性 | 複数 |
|---|---|---|---|---|
| 1格 | ☐ euer<br>オイアー | ☐ euer-e<br>オイレ | ☐ euer | ☐ euer-e |
| 2格 | ☐ euer-es<br>オイレス | ☐ euer-er<br>オイラー | ☐ euer-es | ☐ euer-er |
| 3格 | ☐ euer-em<br>オイレム | ☐ euer-er | ☐ euer-em | ☐ euer-en |
| 4格 | ☐ euer-en<br>オイレン | ☐ euer-e | ☐ euer | ☐ euer-e |

☆**Ihr**「あなたの」「あなたがたの」

|   | 男性 | 女性 | 中性 | 複数 |
|---|---|---|---|---|
| 1格 | ☐ Ihr<br>イーア | ☐ Ihr-e<br>イーレ | ☐ Ihr | ☐ Ihr-e |
| 2格 | ☐ Ihr-es<br>イーレス | ☐ Ihr-er<br>イーラー | ☐ Ihr-es | ☐ Ihr-er |
| 3格 | ☐ Ihr-em<br>イーレム | ☐ Ihr-er | ☐ Ihr-em | ☐ Ihr-en |
| 4格 | ☐ Ihr-en<br>イーレン | ☐ Ihr-e | ☐ Ihr | ☐ Ihr-e |

## 4. 否定冠詞 kein の格変化

|   | 男性 | 女性 | 中性 | 複数 |
|---|---|---|---|---|
| 1格 | ☐ kein<br>カイン | ☐ kein-e<br>カイネ | ☐ kein | ☐ kein-e |
| 2格 | ☐ kein-es<br>カイネス | ☐ kein-er<br>カイナー | ☐ kein-es | ☐ kein-er |
| 3格 | ☐ kein-em<br>カイネム | ☐ kein-er | ☐ kein-em | ☐ kein-en |
| 4格 | ☐ kein-en<br>カイネン | ☐ kein-e | ☐ kein | ☐ kein-e |

## 実戦トレーニング

次の文で（　）の中に入れるのに最も適切なものを下の1〜4のうちから選び，その番号を丸で囲みなさい。

1) Ich kenne (　　　) Lehrer.
    1 euer　　2 euerem　　3 eueres　　4 eueren

2) Sie spricht gerade mit (　　　) Chef.
    1 ihr　　2 ihres　　3 ihrem　　4 ihren

3) Hier ist ein Foto (　　　) Familie.
    1 mein　　2 meines　　3 meiner　　4 meinem

4) Wir helfen gern (　　　) Sohn.
    1 Ihr　　2 Ihres　　3 Ihrem　　4 Ihren

5) Ich habe kein Geld und (　　　) Zeit.
    1 kein　　2 keine　　3 keines　　4 keinen

6) Ist das* (　　　) Kuli?　　　　　　　　　＊＝それは…ですか？
    1 dein　　2 deine　　3 deiner　　4 deines

7) (　　　) Schüler besuchen heute das Museum.
    1 Unser　　2 Unsere　　3 Unseren　　4 Unserer

---

**単語**

kennen 知っている　Lehrer der 先生　spricht (<sprechen) 話す　gerade ちょうど　mit …と　Chef der チーフ　hier ここに　Foto das 写真　Familie die 家族　helfen 手助けする　gern 喜んで　Sohn der 息子　Geld das お金　und そして　Zeit die 時間　Kuli der ボールペン　Schüler der 生徒　besuchen 訪れる　heute きょう　Museum das 博物館

第3週 2日目

# 16日目 前置詞（1）

月　　日

> **対策問題**
>
> 次の文で（　　）の中に入れるのに最も適切なものを下の1〜4のうちから選び，その番号を解答欄に記入しなさい。
>
> (1) Trotz (　　) Erkältung geht er zur Arbeit.
> 　　　トロッツ　　　　　エアケルトゥング　ゲート　　　アルバイト
>
> 　1 die　　2 den　　3 dem　　4 der　　解答欄 □
>
> (2) Jeden Morgen macht der Vater für (　　) Frühstück.
> 　　イェーデン　モルゲン　マハト　　　　　　　　　　　　フリューシュテュック
>
> 　1 dem Sohn　　　2 den Söhnen
> 　　　　ゾーン　　　　　　　　　ゼーネン
> 　3 der Söhne　　　4 die Söhne
> 　　　　ゼーネ
>
> （2011年春）
>
> 解答欄 □

### チェック

- □ 前置詞は，決められた格の名詞と結びつく（前置詞の格支配）。
- □ 2格支配の前置詞と3格支配の前置詞と4格支配の前置詞がある。

### 解説と解答

設問 (1) の選択肢は定冠詞。前置詞 trotz は2格支配。名詞 Erkältung「風邪」は，文法上の性が女性，数は単数です。女性・単数・2格の定冠詞の形は der なので，**正解は 4**。訳は「風邪なのに彼は仕事に行きます」。

設問 (2) の選択肢は，名詞 Sohn の変化形。

　dem Sohn　男性・単数・3格　　den Söhnen　男性・複数・3格
　der Söhne　男性・複数・2格　　die Söhne　　男性・複数の1格か4格

前置詞 für は4格支配。選択肢の中で4格になりうるのは die Söhne のみ。したがって，**正解は 4**。訳は「毎朝父親は子供たちのために朝食を作ります」。

> 冠詞を挿入する場合でも，「冠詞＋名詞」を挿入する場合でも，まずは，前置詞の支配する格を確認！

**対策学習** ⋯ **4格，3格，2格と結びつく前置詞** ⋯⋯⋯⋯⋯⋯⋯

☆前置詞と結び付く名詞の格は，前置詞ごとに決められています（前置詞の格支配）。前置詞には，次課で扱う3・4格支配の他に，**2格支配**と**3格支配**と**4格支配**の前置詞があります。なお，前置詞の格支配を覚えるには，一つの具体例を暗記するのがよいと言われます（たとえば mit der Gabel「フォークで」とか durch das Fenster「窓を通して」など）。

### 1. 4格支配の前置詞

| | | |
|---|---|---|
| **bis** …まで<br>ビス | **durch** …を通って<br>ドゥルヒ | **für** …のために<br>フューア |
| **ohne** …なしに<br>オーネ | **gegen** …に向って；…(時)頃<br>ゲーゲン | |
| **um** …の周りに；…(時)に<br>ウム | | |

❏ Der Zug fährt **bis** Köln.　　　　　　　　列車はケルンまで行きます ❏
　　ツーク フェーアト　　ケルン

❏ Wir gehen **durch** den Wald.　　　　　私たちは森の中を通って行きます ❏
　　ゲーエン　　　　　　ヴァルト

❏ Sie kämpfen **für** den Frieden.　　　　彼らは平和のために闘います ❏
　　ケムプフェン　　　　フリーデン

❏ Er schwimmt **gegen** den Strom.　　　彼は流れに逆らって泳ぎます ❏
　　シュヴィムト　　　　　シュトローム

❏ Sie kommt **gegen** acht Uhr.　　　　　彼女は8時頃に来ます ❏
　　コムト　　　　　アハト ウーア

❏ Ich kann **ohne** meinen Mann nicht* leben.
　　　　　　　　　　　　マン　　　　　　　レーベン
　　　　　　　　　　　　　　　私は夫がいなければ生きていけません ❏

*nicht「…ない」の位置については121頁を参照。

❏ Wir joggen **um** den Park.　　私たちは公園の周りをジョギングします ❏
　　ジョゲン　　　　パルク

❏ Das Konzert beginnt abends **um** sieben Uhr.
　　コンツェルト　ベギント　アーベンツ　　ズィーベン ウーア
　　　　　　　　　　　　　　　　　　　コンサートは晩7時に始まります ❏

## 2. 3格支配の前置詞

| | | | |
|---|---|---|---|
| **ab** …から | | **aus** …の中から | |
| アップ | | アオス | |
| **bei** …のそばで；…のところで | | **gegenüber** …の向かいに | |
| バイ | | ゲーゲンユーバー | |
| **mit** …と一緒に；…を使って | | **nach** …の方へ；…の後で | |
| ミット | | ナーハ | |
| **seit** …以来；…前から | | **von** …から；…の | |
| ザイト | | フォン | |
| **zu** …の方に；…のところに | | | |
| ツー | | | |

- ☐ Das Geschäft ist **ab** neun Uhr geöffnet.　　店は9時から開いています ☐
- ☐ Er kommt **aus** dem Zimmer.　　彼は部屋の中から出て来ます ☐
- ☐ Er kommt **aus** Berlin.　　彼はベルリンの出身です ☐
- ☐ Er wohnt **bei** seinen Eltern.　　彼は両親のところに住んでいます ☐
- ☐ Sein Haus steht **bei** der Post.　　彼の家は郵便局のそばにあります ☐
- ☐ **Gegenüber** dem Kaufhaus ist eine Buchhandlung.
　　　　　　　　　　　　　　　　　　デパートの向かいに本屋があります ☐
- ☐ Sie spielt **mit** den Kindern.　　彼女は子供たちと遊びます ☐
- ☐ Er schneidet Brot **mit** dem Messer.　　彼はパンをナイフで切ります ☐
- ☐ Ich fahre **mit** dem Auto nach Italien.　　私は車でイタリアに行きます ☐
- ☐ **Nach** dem Essen gehen sie spazieren*.　　食後彼らは散歩に行きます ☐

*gehen は，不定詞と結び付き，「…しに行く」という意味で用いられます．

- ☐ **Seit** drei Jahren wohnt er in Bonn.　3年前から彼はボンで暮らしています ☐
- ☐ Er nimmt das Bild **von** der Wand.　　彼は絵を壁から取り外します ☐
- ☐ Tokyo ist die Hauptstadt **von** Japan.　　東京は日本の首都です ☐
- ☐ Ich gehe **zu** meinem Onkel.　　私はおじのところに行きます ☐

## 3. 2格支配の前置詞

| außerhalb …の外に | innerhalb …の中に | [an]statt …の代わりに |
| アオサーハルプ | イナーハルプ | アンシュタット／シュタット |
| trotz …にもかかわらず | während …の間 | wegen …のために |
| トロッツ | ヴェーレント | ヴェーゲン |

- Ich wohne **außerhalb** der Stadt.　　　　私は郊外に住んでいます
  ヴォーネ　　シュタット
- Ich wohne **innerhalb** der Stadt.　　　　私は町中に住んでいます
- Heute kocht der Vater **statt** der Mutter.
  ホイテ　コホト　　ファーター　　　　ムッター
  　　　　　　　　　　　　　　　　きょうは父が母の代わりに料理を作ります
- **Während** des Essens spricht er viel.　　食事の間彼はよく話します
  　　　　　　　エッセンス　シュプリヒト　フィール
- **Wegen** der Erkältung kommt er heute nicht*.
  　　　　　　エアケルトゥング　コムト　　ホイテ　ニヒト
  　　　　　　　　　　　　　　　　風邪のため彼はきょう来ません
  　　　　　　　　　　　　*nicht の位置については 121 頁を参照。

## 4. 前置詞と定冠詞の融合形

以下の，3格支配の前置詞と定冠詞の結び付きは，ふつう一語に融合した形になります。なお，3・4格支配の前置詞の融合形については 90 頁を参照。

| bei dem ⇨ **beim** | von dem ⇨ **vom** |
| | バイム | フォム |
| zu dem ⇨ **zum** | zu der ⇨ **zur** |
| | ツム | ツーア |

- **Beim** Bahnhof ist ein Kiosk.　　　　駅のそばに売店があります
  　　　　バーンホーフ　　　　　キーオスク
- Der Wind weht **vom** Meer.　　　　　風は海から吹いてきます
  　　ヴィント　ヴェート　　メーア
- Ich gehe **zum** Arzt.　　　　　　　　私は医者に行きます
  　　ゲーエ　　　　アールツト
- Ich gehe **zur** Universität.　　　　　　私は大学に行きます
  　　　　　　　ウニヴェルズィテート

## 実戦トレーニング

*前置詞に関する語句には，適切な前置詞を選択させるものと前置詞の後に入れる適切なもの（冠詞あるいは冠詞＋名詞）を選択させるものとがあります。

次の文で（　　）の中に入れるのに最も適切なものを下の 1〜4 のうちから選び，その番号を丸で囲みなさい。

1) Er geht (　　) zehn Uhr zur Kirche.
   1 mit　　2 gegen　　3 für　　4 von

2) Wir gehen (　　) den Kindern zum Zoo.
   1 um　　2 gegen　　3 mit　　4 für

3) (　　) dem Mittagessen machen sie einen Spaziergang.
   1 Nach　　2 Gegen　　3 Mit　　4 Von

4) Das Auto fährt (　　) einen Baum.
   1 gegen　　2 mit　　3 um　　4 ohne

5) Er wohnt (　　) seinem Onkel.
   1 zu　　2 bei　　3 an　　4 aus

6) (　　) der Krankheit bleibe ich heute zu Hause*.　　＊＝家に
   1 Aus　　2 Nach　　3 Durch　　4 Wegen

7) Die Blätter fallen (　　) den Bäumen.
   1 von　　2 mit　　3 um　　4 aus

### 単語

gehen 行く　zehn 10　Uhr …時　Kirche die 教会　Kindern (<Kind das) 子ども　Zoo der 動物園　Essen das 食事　machen …をする　Spaziergang der 散歩　fährt (<fahren) 走る　Baum der 木　wohnen 住む　Onkel der おじ　Krankheit die 病気　Frau die 妻　bleiben 留まる　heute きょう　Blätter (<Blatt das) 葉　fallen 落ちる　Bäumen (<Baum der) 木

第 3 週 3 日目

# 17日目　前置詞（2）

月　　　日

> **対策問題**　次の文で（　）の中に入れるのに最も適切なものを下の 1〜4 のうちから選び，その番号を解答欄に記入しなさい。
>
> (1) Sie stellt eine Vase auf (　　) Tisch.
> 　　　シュテルト　　ヴァーゼ　　　　　　　　ティッシュ
>
> 　　1　die　　2　der　　3　dem　　4　den　　解答欄 □
>
> (2) Meine Mutter kocht jetzt in (　　) Küche.
> 　　　　　　ムッター　コホト　イェッツト　　　　　キュッヒェ
>
> 　　1　die　　2　der　　3　dem　　4　den　　解答欄 □

### 👉 チェック

- □ 一部の前置詞（次頁参照）は，3 格と 4 格を支配する。
- □ **移動**の場合は **4 格**を，移動の**ない**場合は **3 格**を用いる。

### 解説と解答

　設問 (1) の選択肢は定冠詞。（　）の前の auf は **3・4 格支配の前置詞**。動詞 stellt（<stellen）の意味は「置く」。文の意味は「彼女は花瓶をテーブルの上に置きます」。物の**移動**が表されているので（花瓶が動いている！），前置詞の後ろは **4 格**。そして，名詞 Tisch は**男性名詞**で，**単数**。男性・単数・4 格の定冠詞の形は den。したがって，**正解は 4**。

　設問 (2) の選択肢は定冠詞。（　）の前の in は **3・4 格支配の前置詞**。動詞 kocht（<kochen）の意味は「料理をする」。文の意味は「私の母は今キッチンで料理をしています」。物の**移動**が表されていないので，前置詞の後ろは **3 格**。そして名詞 Küche は**女性名詞**で，**単数**。女性・単数・3 格の定冠詞の形は der。したがって，**正解は 2**。

> 自動詞の場合，主語が動いているかどうか，他動詞の場合，4 格目的語が動いているかどうかに目をつけましょう。

**対策学習　　3・4格支配の前置詞**

☆動作によって人やものが移動して行く方向（どこそこへ）を表す場合，4格と結びつき，人が何かをしているあるいは物の状態などが続いている場所（どこそこで）を表す場合，3格と結びつく前置詞があります（3・4格支配の前置詞）。

《方向；4格》

　　Wir gehen **in die Mensa**.　　　　　私たちは学食に行きます。
　　　ゲーエン　　　　　　メンザ

　　Wir legen ein Buch **auf den Tisch**.　私たちは一冊の本を机の上に置きます。
　　　レーゲン　　　ブーフ　　　　　　ティッシュ

《場所；3格》

　　Wir essen **in der Mensa**.　　　　　私たちは学食で食事をします。
　　　エッセン

　　**Auf dem Tisch** liegt ein Buch.　　　机の上に一冊の本があります。
　　　　　　　　　　リークト

注　wohin「どこへ」に対応する場合は4格に，wo「どこで」に対応する場合は3格と覚えるのも一つの方法です。

### 1. 3・4格支配の前置詞一覧

|  | 意味 | +4格 | +3格 |
|---|---|---|---|
| ☐ **an**　アン | ☐ …のきわ（接触） | ☐ …のきわへ | ☐ …のきわで |
| ☐ **auf**　アオフ | ☐ …の上 | ☐ …の上へ | ☐ …の上で |
| ☐ **hinter**　ヒンター | ☐ …の後ろ | ☐ …の後ろへ | ☐ …の後ろで |
| ☐ **in**　イン | ☐ …の中 | ☐ …の中へ | ☐ …の中で |
| ☐ **neben**　ネーベン | ☐ …の横 | ☐ …の横へ | ☐ …の横で |
| ☐ **über**　ユーバー | ☐ …の上方 | ☐ …の上方へ | ☐ …の上方で |
| ☐ **unter**　ウンター | ☐ …の下 | ☐ …の下へ | ☐ …の下で |
| ☐ **vor**　フォーア | ☐ …の前 | ☐ …の前へ | ☐ …の前で |
| ☐ **zwischen**　ツヴィッシェン | ☐ …の間 | ☐ …の間へ | ☐ …の間で |

## 2. 用法

**an**

- ❏ Er hängt ein Foto **an die** Wand. 　　彼は写真を壁に掛けます ❏
- ❏ **An der** Wand hängt ein Foto. 　　壁に写真が掛かっています ❏

**auf**

- ❏ Er stellt eine Vase **auf den** Tisch.　彼は花瓶をテーブルの上に置きます ❏
- ❏ Die Vase steht **auf dem** Tisch.　花瓶はテーブルの上に置かれています ❏

**hinter**

- ❏ Er baut eine Garage **hinter das** Haus.　彼は家の後ろにガレージを建てます ❏
- ❏ **Hinter dem** Haus steht eine Garage.　家の後ろにガレージがあります ❏

**in**

- ❏ Sie gehen **in die** Kirche. 　　彼らは教会の中に入って行きます ❏
- ❏ Sie beten **in der** Kirche. 　　彼らは教会の中で祈ります ❏

**neben**

- ❏ Er legt ein Messer **neben den** Teller.　彼はナイフを皿の横に置きます ❏
- ❏ **Neben dem** Teller liegt ein Messer.　皿の横にナイフが置かれています ❏

**über**

- ❏ Er hängt ein Bild **über das** Sofa. 　彼は絵をソファーの上に掛けます ❏
- ❏ **Über dem** Sofa hängt ein Bild. 　ソファーの上に絵が掛けられています ❏

**unter**

- ❏ Der Hund geht **unter den** Tisch.　犬はテーブルの下にもぐって行きます ❏
- ❏ Der Hund liegt **unter dem** Tisch.

　　　　　　　　　　　　　　　　　犬はテーブルの下に寝そべっています ❏

## vor

- Er stellt den Tisch **vor** das Fenster.　　彼は机を窓の前に置きます
- **Vor** dem Fenster steht ein Tisch.　　窓の前に机が置かれています

## zwischen

- Er stellt das Sofa **zwischen** die Tür und **den** Tisch.
　　彼はソファーをドアと机の間に置きます
- Das Sofa steht **zwischen** der Tür und **dem** Tisch.
　　ソファーはドアと机の間に置かれています

### ■参考■

以下の，3・4格支配の前置詞と定冠詞の結び付きは，ふつう一語に融合した形になります。なお，3格支配の前置詞の融合形については87頁を参照。

- an dem ⇨ **am**
- an das ⇨ **ans**
- in dem ⇨ **im**
- in das ⇨ **ins**

- Er geht **ans** Fenster.　　彼は窓ぎわに行きます
- Er steht **am** Fenster.　　彼は窓ぎわに立っています
- Wir gehen **ins** Restaurant.　　私たちはレストランに行きます
- Wir essen **im** Restaurant.　　私たちはレストランで食事をします

## 実戦トレーニング

次の文で（　）の中に入れるのに最も適切なものを下の 1〜4 のうちから選び，その番号を丸で囲みなさい。なお，(7) は 2 つ選びなさい。

1) Er wohnt an (　　　) Autobahn.
   　ヴォーント　　　　　　　アオトバーン
   　1　der　　　　2　die　　　　3　das　　　　4　den

2) Ich lege die Briefe auf (　　　) Tisch.
   　　　レーゲ　　　ブリーフェ　　　　　　　ティッシュ
   　1　der　　　　2　dem　　　　3　den　　　　4　des

3) Hinter (　　　) Haus steht ein Baum.
   　　　　　　　　　ハオス　　　　　バオム
   　1　dem　　　　2　die　　　　3　das　　　　4　den

4) Ich arbeite bis fünf Uhr* in (　　　) Bibliothek.　　*＝5時まで
   　　アルバイテ　　フュンフ　ウーア　　　　　ビブリオテーク
   　1　die　　　　2　den　　　　3　der　　　　4　des

5) Er stellt den Wagen vor (　　　) Haus.
   　　シュテルト　　ヴァーゲン
   　1　der　　　　2　die　　　　3　dem　　　　4　das

6) Der Mond steht hoch über (　　　) Wolken.
   　　　モーント　　　　　ホーホ　　　　　　ヴォルケン
   　1　die　　　　2　der　　　　3　den　　　　4　dem

7) Das Kind sitzt zwischen (　　　) Vater und (　　　) Mutter.
   　　　キント　ズィッツト　　　　　　　ファーター　　　　　　　　ムッター
   　1　seiner　　2　seine　　　3　seinem　　　4　sein

8) Heute gehen wir (　　　) Kino.
   　　　　　　　　　　　　　　キーノ
   　1　im　　　　2　ins　　　　3　am　　　　4　ans

### 単語

wohnen 住んでいる　Autobahn *die* アウトバーン　legen 置く　Briefe (<Brief *der*) 手紙　Tisch *der* テーブル　Haus *das* 家　Baum *der* 木　arbeiten 働く　Bibliothek *die* 図書館　stellen 置く　Wagen *der* 車　Mond *der* 月　Wolken (<Wolke *die*) 雲　Kind *das* 子ども　sitzen 座っている　Vater *der* 父親　Mutter *die* 母親　heute きょう　gehen 行く　Kino *das* 映画館

第3週 4日目

# 18日目 動詞の格・前置詞支配

月　　日

> **対策問題**　次の文で（　）の中に入れるのに最も適切なものを下の1〜4のうちから選び，その番号を解答欄に記入しなさい。
>
> (1)　Der Tourist fragt (　　) Busfahrer nach dem Weg.
> 　　　　　トゥリスト　フラークト　　　　　　ブスファーラー　　　　　ヴェーク
>
> 1　der　　2　des　　3　dem　　4　den　　　（1998年春）
>
> 解答欄 □
>
> (2)　Frank wartet (　　) seine Freundin.
> 　　　　ヴァルテット　　　　　　　フロインディン
>
> 1　an　　2　auf　　3　in　　4　über
>
> 解答欄 □

### 🖝 チェック

- □ 一部の動詞は，決まった格の目的語と結びつく（動詞の格支配）。
- □ 一部の動詞は，決まった前置詞と結びつく（動詞の前置詞支配）。
  　＊英語の *wait for* などを参照。

### 解説と解答

　設問(1)の選択肢は Busfahrer「バスの運転手」（男性名詞）に付ける定冠詞。動詞 fragt（<fragen）の意味は「…に尋ねる」ですが，fragen の目的語は4格と文法的に決まっているのです。そして，選択肢で4格になりうるのは den のみですので，正解は 4。訳は「旅行者はバスの運転手に道を尋ねます」。

　設問(2)の選択肢は，seine Freundin「彼のガールフレンド」と結び付く前置詞。動詞 wartet（<warten）は，「待つ」という意味の場合，前置詞 auf と結びつくと文法的に決まっているので，正解は 2。訳は「フランクはガールフレンドを待っています」。

> 初級の始めには，1格＝「が」，2格＝「の」のように学びますが，動詞の結合する格や前置詞が文法的に決まっている場合があります。これらは一種の熟語として覚える以外にありません。句例の形でしっかり学んでください。

**対策学習** ……… **動詞の格・前置詞支配** ………

☆日本語の「…に…する」なのか「…を…する」なのかに関係なく，ある種の動詞は，結びつく名詞の格ないし前置詞が決まっています。語彙力という面から，これらの結合を句例の形でしっかり覚えて下さい。なお，動詞と他の語句との結合を示す場合，「他の語句＋動詞」のように，動詞を末尾に置いた形を用います。これを<u>不定詞句</u>と呼びます（116頁参照）。

## 1. 動詞と注意すべき格

- ☐ 4格 **+begrüßen** ［ベグリューセン］　　　　　　　　　　　…⁴に挨拶する ☐
  - ☐ Er begrüßt die Gäste höflich.　　　彼は客たちに丁寧に挨拶します ☐
      ゲステ　　ヘーフリヒ

- ☐ 4格 **+heiraten** ［ハイラーテン］　　　　　　　　　　　…⁴と結婚する ☐
  - ☐ Willst du mich heiraten?　　　君は僕と結婚する気がありますか？ ☐
      ヴィルスト

- ☐ 4格 **+küssen** ［キュッセン］　　　　　　　　　　　…⁴に口づけをする ☐
  - ☐ Er küsst sie zärtlich.　　　彼は彼女に優しく口づけをします ☐
      ツェーアトリヒ

- ☐ 4格 **+treffen** ［トレッフェン］　　　　　　　　　　　…⁴と会う ☐
  - ☐ Ich treffe ihn morgen.　　　私は彼と明日会います ☐
      モルゲン

- ☐ 4格 **+um+** 4格 **+bitten** ［ビッテン］　　　　　　　…⁴に…⁴を頼む ☐
  - ☐ Er bittet mich um Hilfe.　　　彼は私に手助けを頼みます ☐
      ヒルフェ

- ☐ 4格 **+nach+** 3格 **+fragen** ［フラーゲン］　　　　　　…⁴に…³を尋ねる ☐
  - ☐ Er fragt mich nach der Zeit.　　　彼は私に時刻を尋ねます ☐
      ツァイト

**注意！**

- ☐ 3格 **+gefallen** ［ゲファレン］　　　　　　　　　　　…³の気に入る ☐
  - ☐ Das Bild gefällt mir gar nicht.　　　この絵は全然気に入りません ☐
      ビルト　ゲフェルト　　ガール

- ☐ 3格 **+gehören** ［ゲヘーレン］　　　　　　　　　　　…³のものである ☐
  - ☐ Wem gehören die Schuhe da?　　　そこの靴は誰のものですか？ ☐
      ヴェーム　　　　シューエ

- ☐ 3格 +glauben [グラオベン]　　　…³の言うことを信じる ☐
  - ☐ Ich kann ihm nicht glauben.　私は彼のことが信じられません ☐
- ☐ 3格 +helfen [ヘルフェン]　　　…³に手助けをする ☐
  - ☐ Er hilft dem Vater bei der Arbeit.　彼は父親の仕事の手助けをします ☐
    ヒルフト　ファーター　　　アルバイト

## 2. 動詞と特定の前置詞

- ☐ an+ 4格 +denken [デンケン]　　　…⁴のことを思う ☐
  - ☐ Wir denken auch an die Kosten.　私たちは費用のことも考えます ☐
    アオホ　　　コステン
- ☐ an+ 4格 +glauben [グラオベン]　　　…⁴の存在を信じる ☐
  - ☐ Wir glauben an Gott.　私たちは神を信じています ☐
    ゴット
- ☐ auf+ 4格 +antworten [アントヴォルテン]　　　…⁴に答える ☐
  - ☐ Antworte mir auf meine Frage!　私の質問に答えてくれ！ ☐
    フラーゲ
- ☐ auf+ 4格 +warten [ヴァルテン]　　　…⁴を待つ ☐
  - ☐ Sie wartet schon lange auf ihn.　彼女はもう長いこと彼を待っています ☐
    ショーン　ランゲ
- ☐ 3格 +für+ 4格 +danken [ダンケン]　　　…³の…⁴に感謝をする ☐
  - ☐ Ich danke Ihnen für Ihre Einladung.　私はあなたの招待に感謝します ☐
    アインラードゥング
- ☐ 4格 +für+ 4格 +halten [ハルテン]　　　…⁴を…⁴と思う ☐
  - ☐ Ich halte ihn für meinen Freund.　私は彼を友人と思っています ☐
    フロイント

## 3. 形容詞と特定の格・前置詞

- ☐ 3格 +ähnlich [エーンリヒ] sein　　　…³に似ている ☐
  - ☐ Er ist seinem Vater sehr ähnlich.　彼は父親にとても似ています ☐
    ファーター　ゼーア
- ☐ auf+ 4格 +stolz [シュトルツ] sein　　　…⁴を誇りにしている ☐
  - ☐ Er ist stolz auf dich.　彼は君のことを誇りに思っています ☐
    ディッヒ
- ☐ mit+ 3格 +zufrieden [ツフリーデン] sein　　　…³に満足している ☐
  - ☐ Ich bin mit ihm zufrieden.　私は彼に満足しています ☐

## 実戦トレーニング

次の文で（　）の中に入れるのに最も適当なものを，下の1〜4のうちから選び，その番号を丸で囲みなさい。

1) Der Sohn hilft (　　　) Vater.
　　1　der　　　2　dem　　　3　den　　　4　des

2) Mein Freund heiratet (　　　) Lehrerin.
　　1　ein　　　2　eine　　　3　einer　　　4　mit

3) Sie bittet (　　　) um Hilfe.
　　1　mir　　　2　ihn　　　3　ihm　　　4　Ihnen

4) München gefällt (　　　) sehr gut.
　　1　mir　　　2　mich　　　3　ihn　　　4　Ihnen

5) Hans denkt immer (　　　) seine Familie.
　　1　an　　　2　von　　　3　nach　　　4　vor

6) Ich danke dem Vater (　　　) das Geschenk.
　　1　an　　　2　für　　　3　nach　　　4　ohne

7) Der Mann fragt mich (　　　) dem Weg zum Bahnhof.
　　1　von　　　2　auf　　　3　nach　　　4　an

8) Ich bin (　　　) der Wohnung zufrieden.
　　1　mit　　　2　vor　　　3　nach　　　4　aus

### 単語

Sohn *der* 息子　hilft (<helfen) 手助けする　Vater *der* 父親　Freund *der* 友人　heiraten 結婚する　Lehrerin *die* 女性教師　bitten 頼む　Hilfe *die* 手助け　München ミュンヘン　gefällt (<gefallen) 気に入る　sehr とても　gut よく　denken 考える　immer いつも　Familie *die* 家族　danken 感謝する　Geschenk *das* 贈り物　Mann *der* 男　fragen 尋ねる　Weg *der* 道　Bahnhof *der* 駅　Wohnung *die* 住まい　zufrieden 満足な

第3週 5日目

# 19日目 人称代名詞

月　　日

> **対策問題**　次の文で（　）の中に入れるのに最も適切なものを下の1～4のうちから選び，その番号を解答欄に記入しなさい。
>
> (1) Morgen hat meine Mutter Geburtstag. Ich schenke
> 　　　　モルゲン　　　　ムッター　　ゲブルツターク　　　シェンケ
> 　　（　　）Blumen.
> 　　　　　　ブルーメン
>
> 　　1　sie　　2　ihr　　3　sich　　4　ihnen　　解答欄 □
>
> (2) Ich brauche einen Fernseher. — Wo kaufst du (　　)?
> 　　　　　　　ブラオヘ　　　　フェルンゼーアー　　ヴォー
>
> 　　1　er　　2　ihm　　3　ihn　　4　sich　　解答欄 □

### 👉 チェック

- ☐ 人称代名詞にも，**3格と4格**の形がある（一覧表は次頁）。
- ☐ 人称代名詞は，事物を表す名詞も受けて用いられる。

### 解説と解答

　設問(1)の選択肢は，人称代名詞。（　）を無視して訳すと，「明日は私の母の誕生日です。私は…花を贈ります」。したがって，（　）に入れる人称代名詞は「彼女に」，すなわちihr。したがって，<u>正解は**2**</u>。

　設問(2)の選択肢も，人称代名詞。（　）を無視して訳すと，「私はテレビが必要です。― 君は…どこで買いますか？」。したがって，（　）に入れる語は，日本語なら「それを」。しかし，ドイツ語の場合，どの人称代名詞を用いるかは，<u>置き換える名詞の文法上の性と数と格</u>に基づきます。この場合は，den Fernseher「そのテレビを」（男性・4格）。これに対応する人称代名詞はihnなので，<u>正解は**3**</u>。

> 3人称の人称代名詞の形は，置き換える名詞の文法上の性・数・格に基づく！

**対策学習　人称代名詞**

## 1. 人称代名詞

　人称代名詞は，まず，人称に基づいて，**1人称**（話し手），**2人称**（聞き手），**3人称**（話し手でも聞き手でもない人や事物）の3つに別れます。なお，2人称の場合，相手が親しい人（家族，友人など）かそうでない人（初対面の人など）かによって**親称**と**敬称**に分かれます。次に，数に基づいて，**単数**と**複数**の2つに分かれます。そして最後に，格に基づいて，**1格**，**2格**，**3格**，**4格**の4つに分かれます。これらを一覧表にすると，以下のようになります。なお，2格は初級文法では用いられることがないので，省きます。

|  |  | 1人称 | 2人称 親称 | 3人称 男性 | 3人称 女性 | 3人称 中性 | 2人称 敬称 |
|---|---|---|---|---|---|---|---|
| 単数 | 1格 | **ich** 私は | **du** 君は | **er** 彼は | **sie** 彼女は | **es** それは | **Sie** あなたは |
|  | 3格 | **mir** ミーア 私に | **dir** ディーア 君に | **ihm** イーム 彼に | **ihr** イーア 彼女に | **ihm** イーム それに | **Ihnen** イーネン あなたに |
|  | 4格 | **mich** ミッヒ 私を | **dich** ディッヒ 君を | **ihn** イーン 彼を | **sie** ズィー 彼女を | **es** エス それを | **Sie** あなたを |
| 複数 | 1格 | **wir** 私たちは | **ihr** 君たちは |  | **sie** 彼[女]らは／それらは |  | **Sie** あなたたちは |
|  | 3格 | **uns** ウンス 私たちに | **euch** オイヒ 君たちに |  | **ihnen** イーネン 彼[女]らに／それらに |  | **Ihnen** イーネン あなたたちに |
|  | 4格 | **uns** 私たちを | **euch** 君たちを |  | **sie** 彼[女]らを／それらを |  | **Sie** あなたたちを |

《**1格**》　主に主語として用いられます。
- **Ich** wohne in Berlin.　　　　　私はベルリンに住んでいます
   ヴォーネ
- Seit drei Jahren wohnt **er** in Bonn.　　3年前から彼はボンで暮らしています
   ザイト

《3格》 主に間接目的語として用いられます。
- Ich schenke **ihm** Blumen.　　　私は彼に花を贈ります
- Ich schicke **ihr** eine Ansichtskarte.　　　私は彼女に絵はがきを送ります
- Wir zeigen **ihnen** die Stadt.　　　私たちは彼らに町を見せます

《4格》 主に直接目的語として用いられます。
- Ich liebe **sie** sehr.　　　私は彼女のことをとても愛しています

なお，95頁の「1. 動詞と注意すべき格」も参照してください。

## 2. 3人称の人称代名詞

3人称の人称代名詞はそれぞれ男性名詞，女性名詞，中性名詞，複数形の名詞の代用形としても用いられます。

【男性名詞】　　　Schlüssel（男性・単数・1格）
- Wo ist mein **Schlüssel**? — **Er** ist auf dem Tisch.
  私の鍵はどこにありますか？ — それはテーブルの上にあります

【女性名詞】　　　Tasche（女性・単数・1格）
- Wo ist meine **Tasche**? — **Sie** ist auf dem Tisch.
  私のバッグはどこにありますか？ — それはテーブルの上にあります

【中性名詞】　　　Handy（中性・単数・1格）
- Ich suche mein **Handy**. — **Es** ist auf dem Tisch.
  私は携帯電話を探しています。— それはテーブルの上にあります

【複数名詞】　　　Schuhe（複数・1格）
- Ich suche die **Schuhe**. — **Sie** sind auf dem Tisch.
  私は靴を探しています。— それらはテーブルの上にあります

## 実戦トレーニング

次の文で（　　）の中に入れるのに最も適切なものを下の 1〜4 のうちから選び，その番号を丸で囲みなさい。

1) A: Kommst du wieder zusammen mit Anna und Hans?

   B: Nein, heute komme ich nicht mit (　　).

   1　dir　　　　2　ihm　　　　3　ihr　　　　4　ihnen

2) A: Wo ist meine Brille?

   B: (　　) ist auf dem Tisch.

   1　Er　　　　2　Es　　　　3　Sie　　　　4　Seine

3) A: Kaufen Sie den Kühlschrank?

   B: Nein, ich kaufe (　　) nicht.

   1　mich　　　2　es　　　　3　ihn　　　　4　sie

4) A: Wem schenkst du die Krawatte?

   B: Ich schenke (　　) meinem Vater.

   1　ihn　　　　2　sie　　　　3　es　　　　4　ihm

5) A: Wie finden Sie den Film?

   B: Ich finde (　　) sehr interessant.

   1　sie　　　　2　es　　　　3　ihn　　　　4　mich

### 単語

kommen 来る　wieder ふたたび　zusammen 一緒に　mit …と一緒に　wo どこに　Brille die メガネ　auf …の上に　Tisch der テーブル　kaufen 買う　Kühlschrank der 冷蔵庫　nein いいえ　nicht …ない　wem 誰に　schenken 贈る　Krawatte die ネクタイ　Vater der 父親　wie どのように　finden (…を〜と) 思う　Film der 映画　sehr とても　interessant おもしろい

第3週 6日目

# 20 日目　補充学習―A

月　　日

## 1. 冠詞の指示代名詞的用法

*2011年春期に以下のような出題がありました。

(4) Wir haben hier einen Apfel. — (　　　) ist aber sehr groß.
アップフェル　　　　　　　　　　　　　　グロース

　　1　Das　　2　Der　　3　Den　　4　Die

これは，名詞を伴わず用いられる定冠詞の用法です。人称代名詞よりも強調的意味合いが伴います。今後も，出題される可能性があると思ってください。なお，正解は，男性1格 Der Apfel の代わりなので，2。訳は「私たちはここにリンゴを一つ持っています。— これはなんとまあ大きいこと」。aber は驚きを表す副詞的用法です。

定冠詞は，名詞を伴わず独立的に用いることができます。これは，人称代名詞と異なり，強調的意味合いが伴います。指示代名詞的用法とも呼ばれます。

《1格》

☐ Gehört der **Wagen** dir? — Ja, **der** gehört mir.　　　der Wagen
　 ゲヘーアト　　ヴァーゲン
　　　　　　その車は君のものですか？ — はい，それは僕のものです ☐

☐ Welche Frau ist deine **Mutter**? — **Die** an der Tür.　　Die Frau
　 　　　　フラオ　　　　ムッター　　　　　　　テューア
　　　　　　どの女性が君のお母さんですか？ — ドアのところの人です ☐

《4格》

☐ Kennst du den **Mann** da, Frank? — Ja, **den** kenne ich gut.　　den Mann
　 ケンスト　　　　　マン　　　　　　　　　　　ケンネ　　　グート
　　　　　　君はあそこの男性を知っていますか，フランク？
　　　　　　　— はい，その人は私はよく知っています ☐

☐ Die **Bluse** ist sehr preiswert. — Gut, **die** nehme ich.　　die Bluse
　 　　ブルーゼ　　ゼーア　プライスヴェーアト　　　　　ネーメ
　　　　　　このブラウスはとても割安です。— いいですね，それにします ☐

注　dieser なども名詞を省いて単独で用いることができます。
　　 Welches **Auto** gehört dir? — **Dieses** hier ist mein Auto.　dieses Auto
　　　　　　　　　ゲヘーアト　　　　　ディーゼス　ヒーア
　　　　　　どの車が君のものですか？ — ここのこれが私の車です ☐

## 2. Ja!, Nein!, Doch!

*1992 年に以下のような出題がありました。

A: Haben Sie morgen keine Zeit?　　B: (　　), ich habe viel Zeit.
　　　モルゲン　　ツァイト　　　　　　　　　　　　　　　フィール

1　Ja　　2　Nein　　3　Doch　　4　Nicht
　　　　　　　　　　　　ドッホ　　　　ニヒト

これは，否定詞（nicht や kein）を含む疑問文に対して，ja と nein と doch のどれを用いて答えるかを問うものです。これらの使い分けは，以下のようになります。出題される可能性は今後もありますので，しっかり覚えておいてください。正解は解説の中に書いてあります。疑問詞を含む文については次の「補充学習—B」。

**2. 1.** 否定詞（nicht や kein）を含まない疑問文の場合，肯定するならば ja「はい（そうです）」，否定するならば nein「いいえ（違います）」を用います。

Bist du müde?　→　**Ja**, ich bin müde.　　はい，疲れています。
　　　ミューデ　　　　　ヤー
疲れていますか？　　　**Nein**, ich bin nicht müde.　　いいえ，疲れていません。
　　　　　　　　　　　　ナイン　　　　　ニヒト

**2. 2.** 否定詞（nicht と kein）を含む疑問文の場合，肯定するならば nein「はい（…ではありません）」，否定するならば doch「いいえ（…なのです）」を用います。

Bist du **nicht** müde?　→　**Nein**, ich bin nicht müde.
　　　　　ニヒト
疲れていませんか？　　　　　はい，疲れていません。

　　　　　　　　　　　　　　**Doch**, ich bin müde.
　　　　　　　　　　　　　　　ドッホ
　　　　　　　　　　　　　　いいえ，疲れています。

上記の，否定詞 kein を含む過去問の場合，以下のようになります。したがって，設問の正解は 3 になります。

Haben Sie morgen **keine** Zeit?　→　**Nein**, ich habe keine Zeit.
　　　　　モルゲン　　　　ツァイト
あす時間がありませんか？　　　　　　はい，ありません。

　　　　　　　　　　　　　　　　　　**Doch**, ich habe viel Zeit.
　　　　　　　　　　　　　　　　　　　ドッホ　　　　　　　フィール
　　　　　　　　　　　　　　　　　　いいえ，時間はたくさんあります。

## 3. 男性弱変化名詞

*特殊な格変化をする男性名詞があります。これは，未だ独立した出題対象になっておりませんが，補充学習の対象としました。

名詞の格変化には，2格3格4格で一様に格語尾が -n あるいは -en になる男性名詞があります（複数形も -[e]n 式）。これらは，**男性弱変化名詞**と呼ばれます。

| | | | | | | | |
|---|---|---|---|---|---|---|---|
| 1格 | ☐ der | Junge<br>ユンゲ | 男の子 | ☐ der | Polizist<br>ポリツィスト | | 警察官 |
| 2格 | ☐ des | Junge**n**<br>ユンゲン | n を付ける | ☐ des | Polizist**en**<br>ポリツィステン | -en を付ける | |
| 3格 | ☐ dem | Junge**n** | | ☐ dem | Polizist**en** | | |
| 4格 | ☐ den | Junge**n** | | ☐ den | Polizist**en** | | |

### 【類例】

| | | | | | | | | |
|---|---|---|---|---|---|---|---|---|
| 1格 | der | Affe　猿<br>アッフェ | der | Kollege　同僚<br>コレーゲン | der | Kunde　顧客<br>クンデ |
| 2格 | des | Affe**n**<br>アッフェン | des | Kollege**n**<br>コレーゲン | des | Kunde**n**<br>クンデン |
| 3格 | dem | Affe**n** | dem | Kollege**n** | dem | Kunde**n** |
| 4格 | den | Affe**n** | den | Kollege**n** | den | Kunde**n** |

### 【バリエーション】

| | | | | | | | |
|---|---|---|---|---|---|---|---|
| 1格 | der | Herr　紳士<br>ヘル | der | Gedanke　考え<br>ゲダンケ | das | Herz　心臓<br>ヘルツ |
| 2格 | des | Herr**n**<br>ヘルン | des | Gedanke**ns**\*<br>ゲダンケンス | des | Herz**ens**\*<br>ヘルツェンス |
| 3格 | dem | Herr**n** | dem | Gedanke**n**<br>ゲダンケン | dem | Herz**en**<br>ヘルツェン |
| 4格 | den | Herr**n**\*\* | den | Gedanke**n** | das | Herz\*\* |

\*2格語尾が -ens になります。

\*\*複数形は Herren[ヘレン]，Herzen[ヘルツェン]になります。

## 4. 形容詞の格変化

*形容詞の格変化は，出題の対象になりませんが，出題のテキストに出て来ます。形容詞は，冠詞類の有無，種類に応じて異なる語尾を付けるのですが，意味を理解する上では詳細は不要です。したがって，形容詞であることを認識できればそれでよいのですが，一応，形容詞の格変化一覧を挙げておくことにします。

### 4.1. 定冠詞類と用いられる場合

|  | 男性「大きな机」 | | | 女性「青い花」 | | |
|---|---|---|---|---|---|---|
| 1格 | ☐ der | groß-e (グローセ) | Tisch (ティッシュ) | ☐ die | blau-e (ブラオエ) | Blume (ブルーメ) |
| 2格 | ☐ des | groß-en (グローセン) | Tisches (ティッシェス) | ☐ der | blau-en (ブラオエン) | Blume |
| 3格 | ☐ dem | groß-en | Tisch | ☐ der | blau-en | Blume |
| 4格 | ☐ den | groß-en | Tisch | ☐ die | blau-e | Blume |

|  | 中性「小さな家」 | | | 複数「赤い屋根」 | | |
|---|---|---|---|---|---|---|
| 1格 | ☐ das | klein-e (クライネ) | Haus (ハオス) | ☐ die | rot-en (ローテン) | Dächer (デヒャー) |
| 2格 | ☐ des | klein-en (クライネン) | Hauses (ハオゼス) | ☐ der | rot-en | Dächer |
| 3格 | ☐ dem | klein-en | Haus | ☐ den | rot-en | Dächern (デヒャーン) |
| 4格 | ☐ das | klein-e | Haus | ☐ die | rot-en | Dächer |

### 4.2. 不定冠詞類と用いられる場合

|  | 男性「彼の大きな机」 | | | 女性「彼女の赤いブラウス」 | | |
|---|---|---|---|---|---|---|
| 1格 | ☐ sein | groß-er (グローサー) | Tisch | ☐ ihre | rot-e (ローテ) | Bluse (ブルーゼ) |
| 2格 | ☐ seines | groß-en | Tisches | ☐ ihrer | rot-en | Bluse |
| 3格 | ☐ seinem | groß-en | Tisch | ☐ ihrer | rot-en | Bluse |
| 4格 | ☐ seinen | groß-en | Tisch | ☐ ihre | rot-e | Bluse |

| | 中性「彼の新しい家」 | | | 複数「彼女の青い目」 | | |
|---|---|---|---|---|---|---|
| 1格 | ☐ sein | neu-es (ノイエス) | Haus | ☐ ihre | blau-en (ブラオエン) | Augen (アオゲン) |
| 2格 | ☐ seines | neu-en (ノイエン) | Hauses | ☐ ihrer | blau-en | Augen |
| 3格 | ☐ seinem | neu-en | Haus | ☐ ihren | blau-en | Augen |
| 4格 | ☐ sein | neu-es | Haus | ☐ ihre | blau-en | Augen |

## 4.3. 冠詞類を伴わない場合

| | 男性「よいワイン」 | | 女性「短い休息」 | |
|---|---|---|---|---|
| 1格 | ☐ gut-er (グーター) | Wein (ヴァイン) | ☐ kurz-e (クルツェ) | Ruhe (ルーエ) |
| 2格 | ☐ gut-en* (グーテン) | Weins (ヴァインズ) | ☐ kurz-er (クルツァー) | Ruhe |
| 3格 | ☐ gut-em (グーテム) | Wein | ☐ kurz-er | Ruhe |
| 4格 | ☐ gut-en (グーテン) | Wein | ☐ kurz-e | Ruhe |

| | 中性「冷たいビール」 | | 複数「青い目」 | |
|---|---|---|---|---|
| 1格 | ☐ kalt-es (カルテス) | Bier (ビーア) | ☐ blau-e (ブラオエ) | Augen |
| 2格 | ☐ kalt-en* (カルテン) | Biers (ビーアス) | ☐ blau-er (ブラオアー) | Augen |
| 3格 | ☐ kalt-em (カルテム) | Bier | ☐ blau-en (ブラオエン) | Augen |
| 4格 | ☐ kalt-es | Bier | ☐ blau-e | Augen |

＊この部分を除いて，他の部分は，dieser の格語尾もまったく同じです。

## 5. 比較級と最高級

*形容詞や副詞の比較級と最高級も出題の対象になりませんが，出題問題のテキストに出てきます。したがって，一応，比較級と最高級の使い方を説明しておきます。

**5. 1.** 形容詞の**比較級**は形容詞そのもの（**原級**）に **-er** を，**最高級**は **-st**（語尾が -t で終わる場合 **-est**）を付けて作ります。ウムラウトをするものや不規則変化するものもあります。

| 原級 | | | 比較級 | | 最高級 |
|---|---|---|---|---|---|
| klein<br>クライン | 小さな | — | klein-**er**<br>クライナー | — | klein-**st**<br>クラインスト |
| groß<br>グロース | 大きい | — | größ-**er**<br>グレーサー | — | größ-**t**<br>グレースト |
| gut<br>グート | よい | — | **besser**<br>ベッサー | — | **best**<br>ベスト |

**5.2.** 二つのものを比べて，「A は B より〜だ」と言う場合，A ist ＋ **比較級**（＋**als** B）という形を用います。三つ以上のものを比べて，「A はもっとも〜だ」と言う場合，**am** ＋ **最高級** ＋ **en** の形を用います。

Felix ist **größer** als Ben.　　　　フェリックスはベンよりも大きいです。
フェリックス

Felix ist ***am größten*** in der Klasse.　フェリックスはクラスで背が一番高い。
　　　　　　グレーステン　　　クラッセ

**5.3.** 比較級および最高級を名詞とともに用いる場合，それぞれに**格語尾**を付けます。なお，最高級には通例，**定冠詞**を付けます．

比較級　　ein klein-er-**er** Computer　（他のものよりも）より小さなコンピュータ
　　　　　　　　　クライネラー　コムピューター

最高級　　*der* klein-st-**e** Computer　（三者以上の間で）最も小さなコンピュータ
　　　　　　　　　クラインステ

**5.4.** 副詞の場合，**比較級**は **-er** を，**最高級**は **-st**/（語尾が -t で終わる場合 **-est**）を付けて作ります。ただし，**最高級**は常に **am ... ＋ -sten** の形で用います．

| | | | 比較級 | | 最高級 |
|---|---|---|---|---|---|
| schnell<br>シュネル | 速く | — | schnell-**er**<br>シュネラー | — | **am** schnell-**st-en**<br>シュネルステン |

Er läuft **schneller** als du.　彼は君より速く走ります。
　　ロイフト

Er läuft **am schnellsten**.　彼は一番速く走ります。

第3週 7日目

# 21日目　補充学習―B

　　　　　　　　　　　　　　　　　　　　　　　　　月　　　日

## 6. 疑問詞

＊疑問詞も，毎回ではないのですが，一定の期間をおいて出題の対象になります。2010年秋に以下のような出題がありました。

　　　（　　　）ist Ihre Handynummer?
　　　　　　　　　　　ヘンディヌムマー

　　　1　Was　　2　Wie　　3　Wer　　4　Wie viel
　　　　　ヴァス　　　　ヴィー　　　　ヴェーア　　　　フィール

これは，適切な疑問詞を問うもので，語彙力が問題になります。以下に挙げるものは，しっかりマスターしてください。なお，正解は 1 (Wie viel.. ではありません)。訳は「あなたの携帯電話の番号は何番ですか？」

**6. 1.** 疑問詞には，副詞に準じる**疑問副詞** (6.3) と，代名詞に準じる**疑問代名詞** (6.4) があります。

**6. 2.** 疑問詞を用いる疑問文では，疑問詞を文頭に置き，次に定動詞を置きます。

　　　Wo　　wohnen　Sie?　　　　　　あなたはどこにお住まいですか？　☐
　　　ヴォー　　ヴォーネン

　　　疑問詞　　定動詞

　　　Wer　　kommt　heute　Abend?　　誰が今晩来るのですか？　☐
　　　ヴェーア　　　　　　　ホイテ　　アーベント

　　　疑問詞　　定動詞

**6. 3.** **疑問副詞**には，以下のようなものがあります。

☐　**wo**　［ヴォー］　　　　　　　　　　　　　　　　　どこで　☐
　　☐　**Wo** liegt das Buch?　　　　　　その本はどこにありますか？　☐
　　　　　　リークト　　　ブーフ

☐　**woher**　［ヴォヘーア］　　　　　　　　　　　　　どこから　☐
　　☐　**Woher** kommst du?　　　　　君はどこから来たのですか？　☐

☐　**wohin**　［ヴォーヒン］　　　　　　　　　　　　　どこへ　☐
　　☐　**Wohin** fährst du am Wochenende?　君は週末どこへ行くのですか？　☐
　　　　　　　　　フェーアスト　　　　ヴォッヘンエンデ

- ❏ **wann** ［ヴァン］ いつ
  - ❏ **Wann** kommt er nach Hause? 彼はいつ帰宅しますか？
  - ❏ Seit **wann** wohnen sie hier? 彼らはいつからここに住んでいるのですか？
- ❏ **warum** ［ヴァルム］ なぜ
  - ❏ **Warum** weinst du denn? 君はなぜ泣いてるの？
  - ❏ **Warum** fährt er nach Deutschland? 彼はなぜドイツに行くのですか？
- ❏ **wie** ［ヴィー］ どんな；どうやって
  - ❏ **Wie** ist das Wetter? 天気はどんな具合ですか？
  - ❏ **Wie** ist Ihr Name? あなたの名前は何といいますか？
  - ❏ **Wie** heißen Sie? あなたの名前は何といいますか？
  - ❏ **Wie** komme ich zum Bahnhof? 駅にはどうやったら行けますか？

  ★wie＋形容詞など
  - ❏ **Wie alt** sind Sie? あなたは何歳ですか？
  - ❏ **Wie lange** bleiben Sie noch in Japan? あなたは日本にあとどのくらいいますか？
  - ❏ **Wie spät** ist es? 何時ですか？
  - ❏ **Wie weit** ist es bis dorthin? そこまで距離はどのくらいですか？
- ❏ **wie viel** ［ヴィー フィール］ どのくらい多い
  - ❏ **Wie viele**\* Geschwister haben Sie? ご兄弟は何人ですか？
  - ❏ **Wie viel** wiegst du? 君の体重はどの位ですか？
  - ❏ **Wie viel** Uhr ist es? 何時ですか？
  - ❏ Um **wie viel** Uhr kommt Hans? ハンスは何時に来ますか？

\*複数形の名詞と結びついているので，格語尾を付けます。

## 6.4. 疑問代名詞

疑問代名詞の場合，「格」が問題になります。

- ❏ **wer** ［ヴェーア］ 誰が ❏
  - ❏ **Wer** ist der Täter? 犯人は誰ですか？ ❏
    テーター
- ❏ **wessen** ［ヴェッセン］ 誰の ❏
  - ❏ **Wessen** Auto ist das? それは誰の自動車ですか？ ❏
    アオト
- ❏ **wem** ［ヴェーム］ 誰に ❏
  - ❏ **Wem** schenkt sie die Krawatte? 
    シェンクト　　　　　クラヴァッテ
    誰に彼女はネクタイを贈るのですか？ ❏
  - ❏ Mit **wem** fährt er nach Deutschland?
    フェーアト　　　ドイチュラント
    誰と彼はドイツに行くのですか？ ❏
- ❏ **wen** ［ヴェーン］ 誰を ❏
  - ❏ **Wen** besucht er? 彼は誰を訪れるのですか？ ❏
    ベズーフト
  - ❏ **Wen** liebt sie? 彼女は誰のことを愛しているのですか？ ❏
    リープト
- ❏ **was** ［ヴァス］ 何が／何を ❏
  - ❏ **Was** ist der Zweck der Reise? 旅行の目的は何ですか？ ❏
    ツヴェック　ライゼ
  - ❏ **Was** macht er jetzt im Büro? 彼は今事務所で何をしているのですか？ ❏
    マハト　　イェッツト　ビューロー
  - ❏ **Was** sind Sie von Beruf? あなたの職業は何ですか？ ❏
    ベルーフ
  - ❏ **Was** kostet die Uhr? この時計はいくらですか？ ❏
    コステット　ウーア

## 6.5. 疑問詞＋名詞*

❏ **Welches Buch** kaufst du? 君はどの本を買いますか？ ❏
　ヴェルヒェス

❏ **Was für Probleme** hat sie? 彼女はどんな問題を抱えているのですか？ ❏
　　　　プロブレーメ

*「疑問詞＋名詞」は意味的に一つのかたまりと数えますので，動詞はその直後（意味的かたまりとしての2番目）に置かれます。

## 7. 並列の接続詞

*並列の接続詞も，時折出題の対象になります。2009年春に以下のような出題がありました。

　　Das Haus ist zwar klein, (　　　) sehr schön.
　　　　　　　　ツヴァール クライン　　　　　　ゼーア シェーン

　　1　und　　2　aber　　3　noch　　4　oder
　　　　ウント　　　アーバー　　　ノッホ　　　オーダー

これは，適切な接続詞を問うもので，語彙力の問題になりますが，接続詞の数は限られていますので，怖くはありません。なお，接続詞には，並列の接続詞の他に，従属の接続詞がありますが，これは未だ出題の対象になっていません。正解は2。訳は「この家はたしかに小さいが，とても美しいです」。(zwar..., aber〜で「たしかに…だが，しかし〜」という熟語的意味になります。)

**7.1.** 2つの語，2つの語句あるいは2つの文を対等に結びつける接続詞を並列の接続詞と呼びます。

《語と語》

❏ Hans **und** Anke trinken Kaffee.
　　　ウント　　　　　トリンケン　カフェ

　　　　　　　　　　　　　　　ハンスとアンケはコーヒーを飲みます　❏

*und「…と…」を繰り返す場合，前の und は「,」にします。たとえば Hans **und** Anke **und** Max は Hans**,** Anke **und** Max となります。

《語句と語句》

❏ Hans trinkt Kaffee **und** hört Musik.
　　　　　　　　　　　　　　　ヘーアト ムズィーク

　　　　　　　　　　　　ハンスはコーヒーを飲み，音楽を聴きます　❏

《文と文》

文と文を結び付ける場合，並列の接続詞は，文の外の語とみなされ，後続する文の語順に影響を与えません。

❏ Hans trinkt Kaffee **und** Anke spielt* Klavier.
　　　　　　　　　　　　　　　　　　　クラヴィーア

　　　　　　　　　　ハンスはコーヒーを飲み，アンケはピアノを弾きます　❏

*並列の接続詞は，文の外の語とみなされますので，und の後ろに置かれる文は，単独で用いられる場合と同じ語順になります (Anke **spielt** Klavier.)。したがって，... und Anke **spielt** Klavier. となります。

## 7.2. 並列の接続詞一覧

❏ **aber** ［アーバー］　　　　　　　　　　　　　　　　　しかし ❏
　❏ Sie ist fleißig, **aber** er ist faul.　彼女は勤勉ですが，彼は怠け者です ❏
　　　　フライスィヒ　　　　　　ファオル
　　❏ Anke trinkt Kaffee, **aber** Hans trinkt Bier.
　　　　　　　　　カフェ　　　　　　　　　　　ビーア
　　　　　　アンケはコーヒーを飲みますが，ハンスはビールを飲みます ❏

❏ **denn** ［デン］　　　　　　　　　　　　　　　　　　というのは ❏
　❏ Er lernt Japanisch, **denn** er reist nach Japan.
　　　レルント　ヤパーニッシュ　　　　　ライスト　　ヤーパン
　　　　彼は日本語を学びます。というのは彼は日本に旅行に行くのです ❏
　❏ Ich bleibe heute zu Hause, **denn** das Wetter ist schlecht.
　　　ブライベ　ホイテ　　　　　　　　　　ヴェッター　　シュレヒト
　　　　私はきょう家に留まります。というのは天気が悪いのです ❏

❏ **nicht..., sondern** ［ゾンダーン］〜　　　　　…ではなく〜 ❏
　❏ Anke kommt **nicht** heute, **sondern** morgen.
　　　　　　　　　　　　ホイテ
　　　　　　　　アンケはきょうではなく，明日来ます ❏
　❏ Er lernt **nicht** Englisch, **sondern** Deutsch.
　　　レルント　　　エングリッシュ　　　　　　ドイチュ
　　　　　　　　彼は英語でなく，ドイツ語を学びます ❏
　注 sondern は，kein と共に用いられることがあります。
　　Das ist kein Kaffee, sondern Tee.　それはコーヒーでなく紅茶です。
　　　　　　　カッフェ　　　　　　テー

❏ **nicht nur** ［ヌーア］**..., sondern auch** ［アオホ］**...** …だけではなく〜も ❏
　❏ Hans spricht **nicht nur** Englisch, **sondern auch** Japanisch.
　　　　　シュプリヒト　　　　　　　　　　　　　　　　ヤパーニッシュ
　　　　　　ハンスは英語だけではなく，日本語も話します ❏

❏ **oder** ［オーダー］　　　　　　　　　　　　　　　あるいは，…か ❏
　❏ Hans fährt nach Österreich **oder** nach Spanien.
　　　　　フェーアト　　エースターライヒ　　　　　　シュパーニエン
　　　　　　　　ハンスはオーストリアかスペインに行きます ❏
　❏ Kommst du zu mir, oder soll ich zu dir kommen?
　　　　　　　　　　　　　　　ゾル
　　　　君が僕のところに来ますか，あるいは僕が君のところに行きましょうか? ❏

- **entweder** [エントヴェーダー] **... oder**　　　　　　…かあるいは
  - Sie kommen **entweder** heute **oder** morgen.
    コメン　　　　　　　ホイテ
    　　　　　　　　　　　　　彼らはきょうか明日来ます
  - **Entweder** kommt mein Vater **oder** meine Mutter.
    　　　　　　　　　　ファーター　　　　　　ムッター
    　　　　　　　　　　　　　私の父か母がまいります
- **sowohl** [ゾヴォール] **... als auch** ～　　　　　　…も～も
  - Er spricht **sowohl** Englisch **als auch** Deutsch.
    　　シュプリヒト　　　エングリッシュ　　　　　ドイチュ
    　　　　　　　　　　　　　彼は英語もドイツ語も話します
- **und**　　　　　　　　　　　　　　　　　　　　そして
  - Sie essen **und** trinken.　　彼らは食べ，そして飲みます
    　　エッセン　　トリンケン
  - Er liebt seine Kinder **und** vor allem seinen Sohn.
    　　リープト　　キンダー　　　　　アレム　　　　ゾーン
    　　　　　　　　　　　　彼は子供を，特に息子を愛しています
- **weder** [ヴェーダー] **... noch** [ノッホ] **...**　　…でもなく～でもない
  - Horst ist **weder** intelligent **noch** nett.
    　　　　　　　　インテリゲント　　　　ネット
    　　　　　　　　　ホルストは頭もよくないし，親切でもありません
  - Dafür habe ich **weder** Zeit **noch** Geld.
    ダフューア　　　　　　　ツァイト　　　　ゲルト
    　　　　　　　　私にはそのための時間もなければ金もありません

---

### 参考

並列の接続詞と一緒によく選択肢に挙げられるのが deshalb [デスハルプ]「そのため」や dann [ダン]「それから」などの接続副詞です。接続副詞は，文の中の一つの語句とみなされますので，動詞は，それらの直後 (2番目の位置) に置かれます。

　Er ist krank, **deshalb** geht er nicht zur Schule.
　　　　クランク　　　　　　　　　　　　　シューレ
　　　彼は病気です。そのため，彼は学校に行きません。

## 8. 一般的な語句の語順

**8.1.** 動詞，疑問詞，nicht の語順は，文法的に決まっていますが（121 頁参照），他の一般的な語句は，
　　①形態的な規則，
　　②統語的な規則，
　　③伝達的な規則
の3つによって決まります。

**8.2.** 形態的な規則とは，形態的に長い語句ほど後方に置かれるというものです。
　たとえば，名詞の目的語と代名詞の目的語が並列する場合，前者が後者よりも後方に置かれます。

- Ich schenke **ihm** *ein Buch*.　　　　　私は彼に本を贈ります
　　　シェンケ　　　　ブーフ
- Ich schenke **es** *dem Freund*.　　　　私はそれを友人に贈ります
　　　　　　　　　　フロイント

**8.3.** 統語的な規則とは，動詞と密接な関係にある語句ほど後方に置かれるというものです。
　たとえば，述語や方向・場所などを表す副詞類などは，文末に近いところに置かれます。これらは，動詞と一つの意味的なかたまりを形成し，動詞と統語的にもっとも近い関係にあるからです。

- Er ist heute sehr **müde**.　　　　　　彼は今日非常に疲れています
　　　　　　　　　ミューデ
- Er wohnt jetzt **in Köln**.　　　　　　彼は今ケルンに住んでいます
　　　　イェッツト　　ケルン
- Er legt ein Buch **auf den Tisch**.　　彼は本を机の上に置きます
　　レークト　　　　　　　ティッシュ

**8.4.** 伝達的な規則とは，伝達上の情報価値が大きい語句ほど後方に置かれるというものです。
　たとえば，以下の後半の文のように，不定冠詞の付いた目的語（イタリック体）と定冠詞の付いた目的語（立体）が並列する場合，前者が後者よりも後方に置かれます。すなわち，既知の情報より未知の情報の方が情報上の価値が大きいのです。

❏ *Ich habe einen Freund.* Ich schenke **dem Freund** *ein Buch*.
　　　　　　　フロイント　　　　　シェンケ
　　　　　　　私は一人の友人がいます。私はその友人に本を贈ります ❏

❏ *Ich kaufe ein Buch.* Ich schenke **das Buch** *einem Freund*.
　　　カオフェ
　　　　　　　私は本を買います。私はその本を友人に贈ります ❏

冠詞の付いていない名詞も，未知の情報として後方に置かれます。

❏ Er kauft dem Kind am Kiosk *Schokolade*.
　　　　　　　キント　　　　キオスク　　ショコラーデ
　　　　　　　彼は子供にキオスクでチョコレートを買ってやります ❏

---

■**参考**■

平叙文の文頭には，ふつう主語を置きますが，少し詳しく説明すると，文頭に置かれる語句は以下のようになります。

(a) 先行する文で言及され，そして新しく述べる事柄で話題（テーマ）になる人・事物（多くの場合，文頭に主語が置かれるのは，主語の表す人・事物が文のテーマになることが多いからなのです。）

　　Dort steht ein Wagen. **Der Wagen** gehört meinem Vater.
　　　　シュテート　　ヴァーゲン　　　　　　ゲヘーアト
　　　そこに車があります。その車は私の父のものです。

(b) 先行する文に関連する場所，時間，理由など

　　Vor dem Brunnen steht eine Bank, und **dort** sitzen drei alte Männer.
　　　　　　　　　　　　　　　　　　　　　　　　　　ズィッツェン
　　　噴水の前にベンチがひとつあり，そしてそこには三人の老人が座っています。

(c) 強調するもの，あるいは対比的なテーマ

　　**Ein Lügner** ist er!
　　　　リューグナー
　　　うそつきだ，奴は！

### 文法雑話　熟語の挙げ方と不定詞句

> Er **nimmt** von seinen Eltern **Abschied**.　彼は両親に別れを告げる。
> 　　ニムト　　　　エルターン　　アップシート
>
> Er　　　　　　　彼は　　　　　von seinen Eltern　　両親から
> Abschied　　　別れ　　　　　nimmt (＜nehmen)　　取る

　上例の太字の部分を見てください。逐語的に訳すと，「別れを・取る」となりますが，それでは日本語として少しおかしいですね。この文の名詞 Abschied と動詞 nehmen は，ひとつのまとまった言い回しとして，「別れを告げる」という意味を表しているのです。

　外国語を学ぼうとする場合，まず，頭に浮かぶのが文法と単語でしょう。単語は独自の意味を持っているもので，それらが文法規則に従って結合されて文の意味を形成するのですが，しかし，なかには他の語句と固定的に結び付いて特定の意味を表すものもあります。このような結合をふつう熟語と呼ぶのですが，特に動詞と他の語句が一緒になってまとまった意味になる熟語を熟語動詞といいます。

　上例の Abschied と nehmen がまさにその例ということになるのですが，さらにいくつか「熟語動詞」の例を挙げてみることにしましょう。

Klavier spielen　　　　　ピアノを弾く
クラヴィーア シュピーレン

zu Bett gehen　　　　　　就寝する
ツー　　　ゲーエン

Platz nehmen　　　　　　席につく（座る）
プラッツ　ネーメン

nach Hause kommen　　帰宅する
ナーハ　ハオゼ

　上例の「熟語動詞」において注意してもらいたいのは，不定形の動詞（不定詞）の位置です。英語と異なり，ドイツ語では，熟語動詞に限らず，動詞と他の語句との結びつきを紹介する場合（たとえば辞書などで），不定詞を一番あとに置いて示すのです。もう少し言うならば，日本語と同一の語順で語句を並べるのです。

　なお，以上のような，不定詞を末尾に置き，これに様々な修飾語句を付け加えた（主語のない）句を不定詞句と呼びます。

# 第4章

# 語順・語彙・会話・読解・聞き取り

- 22日目　語句を挿入する適切な箇所
- 23日目　挿入する適切な語句
- 24日目　会話のやりとりにおける適切な表現
- 25日目　会話文を読んで答える問題
- 26日目　テキストを読んで答える問題
- 27日目　聞き取り問題

第 4 章　語順，語彙，会話表現

## ≪解答に取りかかる前に≫

　文法に関する単なる知識ではなく，ドイツ語を実際に使用できるかを問う出題が第 4 章です。
　ポイントの一つ目は，何が文法的に正しいかよりも，表現として何が適切かを判断する力，二つ目は，文を細かな点まで理解するよりも，大意を素早く把握する力，三つ目は，聞き取る力（リスニング力）です。

　一つ目の場合，語順，語彙，会話表現のやり取りなどが主な出題形式です。語順は，語句を挿入する適切な個所を選ばせるという形式で，語彙は，挿入する適切な語句を選ばせるという形式で，会話表現は，会話のやりとりにおける適切な表現を選ばせるという形式で出題されます。
　二つ目の場合，長文の会話文の途中に適切な文を挿入させるというのと，まずひとつながりの長文のテキストを読ませ，その後で内容に合致するものを選ばせるというのが主な出題形式です。なお，実際の試験では，模擬テストの 157 頁にある，内容と合致する絵を選ばせる問題も出されますが，実質は，内容が読みとれるかどうかの出題です。したがって本書では，長文の会話文と長文のテキストをそれぞれ 3 つずつ取り上げ，長文の練習が十分できるようにしました。
　三つ目の場合，ドイツ語を聞かせ，正しい会話かどうかを判断させたり，内容に合致するものを選ばせたりするのが主な出題形式です。

　みなさんには余分なことかも知れませんが，この章（特に長文の会話文，テキスト）では，未学習の文法事項とか難しい語彙も使用されます。したがって，解答に際しては，「完璧な出来」を求めるのではなく，「出来なくても当然」という位の気持ちで取り組むのがよいのではないでしょうか。冒頭の『本書を使われるみなさんに』でも書きましたように，目標は『納得の約 60%』でよいのですから。

# 22日目 語句を挿入する適切な箇所

第4週 1日目

月　　　日

**過去問題**　次の文に（　）の語を挿入して文を完成する場合，最も適切な箇所はどこですか。1〜4のうちから選び，その番号を解答欄に記入しなさい。
(2008年春)

(essen)　　　　　　　　　　　　　　　　　　　　解答欄 □

Im Frühling　1　wir　2　oft　3　im Garten　4　zu Mittag.
　フリューリング　　　　　　　　　　　　　　　　　　　　　　　　　　ミッターク

**解説と解答**

挿入する語 essen［エッセン］は動詞，意味は「食べる」です。文末がピリオドですから，この文が「…です」というふつうの文（平叙文）であることがわかります（すなわち疑問文や命令文ではない）。

平叙文における動詞は，前から2番目に置かれますから，動詞は，2番目の位置，すなわち 1 に置いた下の文が正しいということになります。

　　Im Frühling **essen** wir oft im Garten zu Mittag.

　×　Im Frühling¹ / wir² / **essen** / oft³ im Garten⁴ zu Mittag.　　3番目

　×　Im Frühling¹ / wir² / oft³ / **essen** im Garten⁴ zu Mittag.　　4番目

　×　Im Frühling¹ / wir² / oft³ / im Garten⁴ / **essen** zu Mittag⁵.　　5番目

したがって，**正解は 1**。訳は「春には私たちはよく庭で昼食を食べます」。

なお，「動詞は2番目に置く」という場合，順番は，「語」の順番ではなく，「意味的かたまり」（日本語の文節）の順番です。すなわち，Im Frühling は，2語ですが，「春には」という一つの「意味的固まり」と数えるのです。

> 出題の主な対象は，動詞，nicht，人称代名詞，前置詞などですが，熟語的な組み合わせ表現も出題されます。したがって，日頃から熟語的な表現も学習しておいてください（たとえば ***direkt vor*** der Kirche「教会のすぐ前で」など）。

**対策学習** ……… **語句を挿入する適切な個所** ………………

☆前頁のような挿入位置，すなわち語順が問われる主な語句は，動詞, **nicht,** 人称代名詞などです。以下に，これらの三つについて説明しますが，語順の一般的規則については 114, 115 頁を参照。

### 1. 動詞

**1. 1.**「…です」というふつうの文（平叙文）の場合，前から二番目に置かれます。

☐ Wir **gehen** am Montag ins Konzert.
　　　　　モンターク　　　コンツェルト
　　　　　　　　　　私たちは月曜日にコンサートに行きます ☐

☐ Manchmal **kommt** er mit seinem Bruder zu mir.
　マンヒマール　　　　　　　　　ブルーダー
　　　　　　　　　　時々彼は兄（弟）と私のところに来ます ☐

☐ Am Abend **gehe** ich mit meinem Freund ins Theater.
　　アーベント　　　　　　　　　　フロイント　　テアーター
　　　　　　　　　夕方私はボーイフレンドと芝居を見に行きます ☐

**1. 2.** イエスかノーを尋ねる疑問文（決定疑問文）の場合，文頭に置かれます。

☐ **Isst** du gern Sushi?　　　　　お寿司を食べるのが好きですか？ ☐
　　　　　　　ズーシ

**1. 3.** 疑問詞のある疑問文（補足疑問文）の場合，文頭に置く疑問詞の後に置かれます。108 頁も参照。

☐ Was **isst** du gern?　　　　　好きな食べものは何ですか？ ☐
　ヴァス

☐ Wo **ist** Thomas?　　　　　　トーマスはどこですか？ ☐
　ヴォー

☐ Welches Buch **kaufst** du?　　君はどの本を買いますか？ ☐
　ヴェルヒェス

☐ Was für Probleme **hat** sie?　彼女はどんな問題を抱えているのですか？ ☐
　　　　　プロブレーメ

**1. 4.** 命令文の場合，文頭に置かれます。（詳細は 54, 55 頁）

☐ **Sende** mir bitte eine E-Mail!　　Eメールを私に送ってください！ ☐
　ゼンデ　ミーア　　　　イーメイル

☐ **Seien** Sie bitte in der Bibliothek ruhig!　図書館では静かにしてください！ ☐
　ザイエン　　　　　　　ビブリオテーク　ルーイヒ

☐ **Nehmen** Sie bitte Platz, Herr Schmidt!
　ネーメン　　　　　プラッツ　ヘル　シュミット
　　　　　　　　　　シュミットさん，どうぞお座りください！ ☐

**1. 5.** 話法の助動詞と用いる場合，文末に置かれます。
- Ich muss einmal nach Deutschland **fahren**.
  アインマール　　　　　　　　　　　ファーレン
  　　　　　　　　　　　私はいつかドイツにいかなければなりません

## 2. nicht

**2. 1.** 基本的に，否定する語句の前に置かれます。
- Er kann heute **nicht mitkommen**.　彼はきょう一緒に来ることができません
  　　　　ホイテ　　　　　ミットコムメン
  注 彼のできないことは「一緒に来る」こと。
- Wir haben **nicht genug** Zeit.　私たちには十分な時間がありません
  　　　　　　　　　ゲヌーク　ツァイト
  注 彼の持っていないのは「十分な時間」。

なお，否定したい動詞が文末にない場合，文末に置かれます。
- Frank **kommt** heute **nicht**.　　　　フランクはきょう来ません
  　　　　　　　　ホイテ
- Ich **verstehe** das **nicht**.　　　　私はそのことが分かりません
  　　　フェアシュテーエ

**2. 2.** A ist B.「A は B です」という場合，B の前に置かれます。
- Er ist **nicht fleißig**.　　　　　　彼は勤勉でありません
  　　　　　　フライスィヒ

**2. 3.** 動詞と熟語を作る語の場合，その前に置かれます。なお，熟語なので，Klavier の前に冠詞がつきません。
- Er spielt **nicht Klavier**.　　　　彼はピアノを弾きません
  　　シュピールト　　クラヴィーア
  　　　　　　　　　　　　熟語

**2. 4.**「どこそこへ」とか「どこそこから」のように，方向を表す語句の場合，その前に置かれます。
- Hans fährt heute **nicht nach Berlin**.
  　　　　フェーアト　　　　　　ベルリーン　　　　　方向
  　　　　　　　　　　　ハンスはきょうベルリンには行きません

**2. 5.** 目的語が定冠詞の付いた名詞の場合，ふつうその後ろに置かれます。
- Ich kenne **den Mann nicht**.　　　　私はその男を知りません
  　　　ケンネ

**2. 6.** 目的語が前置詞句の場合，ふつうその前に置かれます。
- Ich denke **nicht an ihn**.　　　　私は彼のことを思い出しません
  　　デンケ

**2. 7.** 文の一部のみを否定する場合，その語句の前に置かれます。なお，様態の語句の場合，必ずその前に置かれます。

☐ Er kommt **nicht heute**, sondern morgen.
　　　　　　　　　　ゾンダーン
　　　　　　　　　　　　　　　　彼はきょうでなく，明日来ます　☐

☐ Fahr **nicht zu schnell**!　　　　スピードを出しすぎないで！　☐
　ファール　ツー　シュネル
　　　　　　　└──────様態

## 3. 人称代名詞

**3. 1.** 主語の人称代名詞は，ふつう文頭に置かれます。文頭に他の語句がある場合，動詞の直後に置かれます。

☐ Morgen besuche **ich** meine Tante.　　　明日私はおばを訪ねます　☐
　　　　ベズーヘ

**3. 2.** 3格と4格の人称代名詞は，名詞，前置詞句，副詞などよりも前に置かれます。

☐ Möchtest du **sie** vielleicht auch gern treffen?
　メヒテスト　　　　フィライヒト
　　　　　　　　君は彼女にひょっとして会いたくないのですか？　☐

☐ Meine Eltern schicken **mir** jede Woche *eine E-Mail*.
　　　エルターン　シッケン　　　　　　　　　　　　イーメイル
　　　　　　　　　私の両親は私に毎週Eメールを送ってきます　☐

## 4. 前置詞

前置詞は，基本的に名詞，代名詞の前に置かれます。

☐ **Neben** der Bank ist eine Post.　　　銀行の横に郵便局があります　☐
　ネーベン

☐ **Mit** wem fährt Frau Schmidt **nach** Wien?
　ヴェーム　フェーアト　　　　　　ナーハ　ヴィーン
　　　　　　シュミットさんは誰と一緒にウィーンに行くのですか？　☐

一部，例外的に名詞の後ろに置くものがあります。

☐ Max sitzt **dem Onkel gegenüber**.
　　ズィッツト　　　　ゲーゲンユーバー
　　　　　　　　　　マックスはおじの向かいに座っています　☐

> 注　熟語的な結合，たとえば heute Vormittag [ホイテ フォーアミッターク]「今日の午前に」のような熟語的組み合わせも出題されることがあります。

## 実戦トレーニング

次の文に（　）の語を挿入して文を完成する場合，最も適切な箇所はどこですか．<u>1</u>〜<u>4</u>のうちから選び，その番号を丸で囲みなさい．ただし，（　）内の語は文頭に来る場合でも，すべて小文字で表記してあります．また，☐の後ろの語も，すべて小文字で表記してあります．

(1) (besucht)　　　　　　　　　　　　　　　　　　　　　　＊＝毎朝
　　<u>1</u> jeden Morgen＊ <u>2</u> Hans <u>3</u> seine Tante <u>4</u> im Krankenhaus.

(2) (fährt)
　　<u>1</u> Anna <u>2</u> heute <u>3</u> nach Berlin <u>4</u> ?

(3) (gefällt)
　　<u>1</u> welches <u>2</u> Bild <u>3</u> dir <u>4</u> ?

(4) (gib)
　　<u>1</u> mir <u>2</u> bitte <u>3</u> ein Messer <u>4</u> !

(5) (sagen)　　　　　　　　　　　　　　　　　　　　　＊＝もう一度
　　Können <u>1</u> Sie <u>2</u> das bitte <u>3</u> noch einmal＊ <u>4</u> ?

　　　　　　　　　　　　　　　　　　　　　　　　　　　（2009 年春）

(6) (nicht)
　　Bei Rot <u>1</u> darf <u>2</u> man <u>3</u> über die Straße <u>4</u> gehen.

(7) (mir)
　　<u>1</u> können Sie <u>2</u> den Weg <u>3</u> zur Uni <u>4</u> zeigen?

### 単語

besuchen 訪ねる　Tante *die* おば　Krankenhaus *das* 病院　fährt (<fahren)（乗り物で）行く　gefällt (<gefallen) 気に入る　Bild *das* 絵　gib (<geben) くれる　Messer *das* ナイフ　sagen 言う　können できる　Rot *das* 赤信号　darf (<dürfen) …してもよい　Straße *die* 通り　über …を渡って　gehen 行く　mir 私に　Weg *der* 道　Uni *die* 大学　zeigen 示す

# 23日目 挿入する適切な語句

**第4週 2日目**

月　　日

**過去問題** 次の文で（　）の中に入れるのに最も適切なものを下の1〜4のうちから選び，その番号を解答欄に記入しなさい。

(1) Magst du Orangen? — Nein, ich esse nicht gern (　　).
　　　マークスト　　オランージェン　　　　　　　　　　　エッセ

(2010年秋)

1　Salat　　2　Obst　　3　Gemüse　　4　Brot
　　ザラート　　　オープスト　　　ゲミューゼ　　　　ブロート

解答欄 □

(2) Was (　　) du, Bier oder Wein?
　　　ヴァス　　　　　　ビーア　　　ヴァイン

(2011年春)

1　nimmst　　2　kommst　　3　gehst　　4　spielst
　　ニムスト　　　　コムスト　　　　ゲースト　　　シュピールスト

解答欄 □

### 解説と解答

設問 (1) の2文を，（　）を無視して訳すと以下のようになります。「君はオレンジが好きですか？」―「いいえ，私は…を食べるのが好きではありません」。

選択肢は，Salat「サラダ」，Obst「果物」，Gemüse「野菜」，Brot「パン」。

オレンジは果物ですから，内容の適切さからして，**正解は 2**。

設問 (2) の文を，（　）を無視して訳すと，以下のようになります。「君は何を…か，ビールあるいはワイン？」。

選択肢は，nimmst（＜nehmen）「選ぶ，…にする」, kommst（＜kommen）「来る」, gehst（＜gehen）「行く」, spielst（＜spielen）「遊ぶ」。

「君は何を…か？」という内容の適切さからして，**正解は 1**。

簡単な文が読めるかどうかの問題。基本的な文法をしっかり自分のものにし，基本的な語彙を確実に覚えておくことしか対策はないようです。

## 対策学習　挿入する適切な語句

☆前頁のような形で挿入すべき適切な語（語句）が問われる場合，問題になるのは，文法的正しさ云々ではなく，それらの**意味**です。選択肢には，特に名詞，形容詞の場合，意味的に似た語（語句）が挙げられます。したがって，選択肢になりそうな**語群**を以下に示すことにします。

### 1. 名詞

| 《東西南北》 | ☐ Osten (オステン) | ☐ 東 | ☐ Westen (ヴェステン) | ☐ 西 |
|---|---|---|---|---|
| | ☐ Süden (ズューデン) | ☐ 南 | ☐ Norden (ノルデン) | ☐ 北 |
| 《公共施設》 | ☐ Schule (シューレ) | ☐ 学校 | ☐ Bank (バンク) | ☐ 銀行 |
| | ☐ Polizei (ポリツァイ) | ☐ 警察 | ☐ Kirche (キルヒェ) | ☐ 教会 |
| 《娯楽》 | ☐ Oper (オーパー) | ☐ オペラ | ☐ Fernsehen (フェルンゼーエン) | ☐ テレビ |
| | ☐ Film (フィルム) | ☐ 映画 | ☐ Theater (テアーター) | ☐ 芝居 |
| 《家族》 | ☐ Eltern (エルターン) | ☐ 両親 | ☐ Kind (キント) | ☐ 子供 |
| | ☐ Sohn (ゾーン) | ☐ 息子 | ☐ Schwester (シュヴェスター) | ☐ 姉，妹 |
| | ☐ Onkel (オンケル) | ☐ おじ | ☐ Tante (タンテ) | ☐ おば |
| 《食べ物》 | ☐ Brot (ブロート) | ☐ パン | ☐ Fleisch (フライシュ) | ☐ 肉 |
| | ☐ Fisch (フィッシュ) | ☐ 魚 | ☐ Kartoffel (カルトッフェル) | ☐ じゃがいも |
| 《飲み物》 | ☐ Bier (ビーア) | ☐ ビール | ☐ Wein (ヴァイン) | ☐ ワイン |
| | ☐ Kaffee (カフェ) | ☐ コーヒー | ☐ Tee (テー) | ☐ お茶 |

### 2. 形容詞

| 《温度》 | ☐ heiß (ハイス) | ☐ 熱い，暑い | ☐ warm (ヴァルム) | ☐ 暖かい，温かい |
|---|---|---|---|---|
| | ☐ kalt (カルト) | ☐ 冷たい，寒い | ☐ kühl (キュール) | ☐ 涼しい |

| 《大小長短》 | ☐ groß (グロース) | ☐ 大きい | ☐ klein (クライン) | ☐ 小さい |
| --- | --- | --- | --- | --- |
| | ☐ lang (ラング) | ☐ 長い | ☐ kurz (クルツ) | ☐ 短い |
| 《色》 | ☐ weiß (ヴァイス) | ☐ 白い | ☐ schwarz (シュヴァルツ) | ☐ 黒い |
| | ☐ grün (グリューン) | ☐ 緑色の | ☐ rot (ロート) | ☐ 赤い |
| | ☐ blau (ブラウ) | ☐ 青い | ☐ gelb (ゲルプ) | ☐ 黄色の |

## 3. 動詞

| 《食事》 | ☐ essen (エッセン) | ☐ 食べる | ☐ trinken (トリンケン) | ☐ 飲む |
| --- | --- | --- | --- | --- |
| | ☐ kochen (コッヘン) | ☐ 料理する | ☐ braten (ブラーテン) | ☐ 焼く |
| 《移動》 | ☐ gehen (ゲーエン) | ☐ 行く | ☐ kommen (コムメン) | ☐ 来る |
| | ☐ fliegen (フリーゲン) | ☐ 飛ぶ | ☐ schwimmen (シュヴィムメン) | ☐ 泳ぐ |

## 4. 前置詞

| 《日時》 | ☐ am Abend (アーベント) | ☐ 夕方に | ☐ in der Nacht (ナハト) | ☐ 夜に |
| --- | --- | --- | --- | --- |
| | ☐ am Sonntag (ゾンターク) | ☐ 日曜日に | ☐ in dieser Woche (ヴォッヘ) | ☐ 今週 |
| | ☐ im April (アプリル) | ☐ 4月に | ☐ in diesem Jahr (ヤール) | ☐ 今年に |

## 5. 疑問詞

| 《単位》 | ☐ wie alt (ヴィー アルト) | ☐ 何歳 |
| --- | --- | --- |
| | ☐ wie viel (フィール) | ☐ どの位多い |
| | ☐ wie groß (グロース) | ☐ どの位大きい |
| | ☐ wie lange (ランゲ) | ☐ どの位長い |
| | ☐ wie hoch (ホーホ) | ☐ どの位高い |

## 実戦トレーニング

次の文で（　）の中に入れるのに最も適切なものを下の 1〜4 のうちから選び，その番号を解答欄に記入しなさい。

1) Er ist Student. Er geht jeden Tag* in die (　　) und lese viel.　　*＝毎日

   1　Apotheke　　2　Bibliothek　　3　Küche　　4　Mensa

2) Okinawa liegt im (　　) Japans*.　　*＝日本の

   1　Osten　　2　Westen　　3　Süden　　4　Norden

3) Ich kann Sie nicht hören. Sprechen Sie bitte (　　)!　（2008年春）

   1　groß　　2　laut　　3　schnell　　4　langsam

4) Die Tasse (　　) auf dem Tisch.

   1　kostet　　2　steht　　3　fliegt　　4　weiß

5) Die Wohnung ist zwar klein, (　　) sehr schön.

   1　und　　2　aber　　3　noch　　4　oder

6) Musst du heute (　　) Arzt gehen?

   1　beim　　2　in den　　3　nach dem　　4　zum

### 単語

Student der 学生　gehen 行く　lesen 読む　viel たくさん　Apotheke die 薬局　Bibliothek die 図書館　Küche die キッチン　Mensa die 学食　liegen …にある　Osten der 東　Westen der 西　Süden der 南　Norden der 北　hören 聞く　sprechen 話す　groß 大きい　laut 大きな声で　schnell 速く　langsam ゆっくり　Tasse die カップ　Tisch der テーブル　kosten …の値段である　stehen …にある　fliegen 飛ぶ　weiß (<wissen) 知っている　Wohnung die 住まい　zwar 確かに　klein 小さい　sehr とても　schön 美しい　noch まだ　oder あるいは　muss (<müssen) ねばならない　Arzt der 医者

# 24日目　会話のやりとりにおける適切な表現

第4週 3日目

月　　日

> **過去問題**　次の会話が完成するように，（　）の中に入れるのに最も適切なものを下の1〜4のうちから選び，その番号を解答欄に記入しなさい。
>
> (1) A: Morgen fahre ich nach Japan.　B: Wirklich?（　　）!
>    ファーレ　　　　　ヤーパン　　　　　　ヴィルクリヒ
>
>    1　Entschuldigung　　2　Danke, gut
>      エントシュルディグング　　　　　ダンケ　グート
>    3　Gute Reise　　　　4　Gern geschehen　　解答欄 □
>      グーテ　ライゼ　　　　　　　ゲルン　ゲシェーエン
>
> (2) A:（　　）ist es?
>
>    B: Es ist halb acht.（2009年秋）
>         ハルプ　アハト
>
>    1　Wie spät　2　Wie viel　3　Welche Uhr　4　Wie lange
>       シュペート　　　フィール　　　　　　ウーア
>                                                   解答欄 □

### 解説と解答

　設問(1)では，Aが「明日私は日本に行きます」に対する応答が問われています。選択肢の訳は以下のようになります。

　　Entschuldigung!　すみません！　　Danke, gut.　ありがとう，いいです。
　　Gute Reise!　よいご旅行を！　　Gern geschehen!　どういたしまして。

したがって，**正解は3**。

　設問(2)では，Bの「7時半です」という応答に対するAの疑問文が問われています。選択肢と ... ist es? を結びつけて作れる，時刻を尋ねる疑問文は，Wie spät ist es?「何時ですか？」。したがって，**正解は1**。

> 会話のやりとりにおける決まり文句や熟語的表現が問題です。どちらかと言えば，語彙的出題です。次頁の【対策学習】をじっくり学んでください。

## 対策学習 … 会話のやりとりにおける適切な表現

☆会話で使われる決まり文句の数は限られたものです。基本的な表現を覚えておけば，一定の点数はとれます。

### 1. 挨拶

- Wie geht's* dir?　　*＝geht es の縮小形　　　調子はどうですか？
- Danke, gut.　　　　　　　　　　　　　　　　ありがとう，いいです
- Mir geht's gut.　　　　　　　　　　　　　　私は元気です
- Mir geht's nicht gut.　　　　　　　　　　　私は調子がよくありません
- Es geht.　　　　　　　　　　　　　　　　　まあまあです
- Guten Tag, freut mich.　　　　　　　　　　こんにちは，始めまして

### 2. お礼など

- Danke sehr! / Vielen Dank!　　　　　　　　どうもありがとう！
- Nein, danke.　　　　　　　　　　　　　　　いいえ，結構です
- Nichts zu danken. / Gern geschehen.　　　 どういたしまして
- Das macht nichts.　　　　　　　　　　　　そんなこと何でもありません
- Bitte sehr!　　　　　　　　　　　　　　　　どういたしまして！

### 3. その他

- Herzlich Willkommen!　　　　　　　　　　ようこそいらっしゃいませ！
- Herzlichen Glückwunsch!　　　　　　　　 本当におめでとう！
- Auf Ihre Gesundheit!　　　　　　　　　　（乾杯のときに）ご健康を祈って！
- Entschuldigung!　　　　　　　　　　　　すみません！
- Tut mir leid.　　　　　　　　　　　　　　お気の毒ですが

| | | |
|---|---|---|
| ☐ | Ja, leider.<br>　ライダー | はい，残念ながら ☐ |
| ☐ | Einen Moment, bitte!<br>　　　モメント | ちょっと待ってください！ ☐ |
| ☐ | Moment mal!<br>　　　マール | ちょっと待って！ ☐ |
| ☐ | Hör mal!<br>ヘーア | ちょっと聞いて！ ☐ |
| ☐ | Auf Wiedersehen!<br>　　ヴィーダーゼーエン | さようなら！ ☐ |
| ☐ | Auf Wiederhören!<br>　　ヴィーダーヘーレン | （電話で）さようなら！ ☐ |
| ☐ | Tschüs!<br>チュス | バイバイ！ ☐ |
| ☐ | Viel Erfolg!<br>フィール エアフォルク | うまくいきますように！ ☐ |
| ☐ | Viel Spaß! / Viel Vergnügen!<br>　　シュパース　　　　フェアグニューゲン | 大いに楽しんでいらっしゃい！ ☐ |
| ☐ | Alles Gute!<br>　　グーテ | （別れ際に）お元気で！ ☐ |
| ☐ | Gute Besserung!<br>　　ベッセルング | （病人に）お大事に！ ☐ |
| ☐ | Gesundheit!<br>ゲズントハイト | （くしゃみをした人に）お大事に！ ☐ |
| ☐ | Gute Reise!<br>　　ライゼ | （旅立つ人に）よいご旅行を！ ☐ |
| ☐ | Gleichfalls!<br>グライヒファルス | ご同様に！ ☐ |
| ☐ | Gott sei Dank!<br>　　ザイ | やれやれ；ああ，よかった！ ☐ |
| ☐ | Guten Appetit!<br>　　アペティート | いただきます；おいしく召し上がってください！ ☐ |
| ☐ | Wie bitte?<br>ヴィー | （聞き返したり，驚いたときに）何ですって？ ☐ |
| ☐ | Natürlich!<br>ナテューアリヒ | もちろん！ ☐ |
| ☐ | Vorsicht!<br>フォーアズィヒト | 危ない！ ☐ |

## 実戦トレーニング

次の会話が完成するように，（　）の中に入れるのに最も適切なものを下の1～4のうちから選び，その番号に丸で囲みなさい。

1) A: Mir geht's nicht gut. Ich habe Kopfschmerzen.

   B: (　　)!

   1　Gern geschehen　　　2　Gute Besserung
   3　Auf Ihre Gesundheit　4　Danke, gleichfalls

2) A: Heute habe ich Geburtstag.

   B: (　　)!

   1　Doch, es geht　　　2　Herzlichen Glückwunsch
   3　Gott sei Dank　　　4　Gesundheit

3) A: Entschuldigung! Ich komme zu spät.

   B: (　　)!

   1　Gute Reise　　　　2　Viel Vergnügen
   3　Guten Appetit　　　4　Das macht nichts

4) A: Heute Abend gehe ich ins Konzert.

   B: Wirklich? (　　)!

   1　Ja bitte　　　　　2　Viel Spaß
   3　Hör mal　　　　　4　Nichts zu danken

### 単語

(【対策学習】で取りあげた表現は除く)　Kopfschmerzen〈複数形〉頭痛　heute きょう　Geburtstag der 誕生日　doch いいえ　kommen 来る　zu …過ぎる　spät 遅い　Abend der 夕方　Konzert das コンサート　wirklich 本当に

# 25日目 会話文を読んで答える問題

以下は語学コースに通う Sara と Melanie の会話です。空欄 (a)〜(e) に入れるのに最も適切なものを下の 1〜8 のうちから選び，その番号を解答欄に記入しさい。

(2011 年春)

Sara:     Hallo, Melanie!
Melanie:  Hallo, Sara!
Sara:     ( a ) Hast du jetzt ein bisschen Zeit?
Melanie:  Ja, was ist denn?
Sara:     Nächste Woche geht der Sprachkurs zu Ende.
Melanie:  Schade. ( b )
Sara:     Ich mag unsere Klasse sehr und möchte am Wochenende eine Party machen.
Melanie:  ( c )
Sara:     Ich weiß noch nicht genau. Kannst du mir helfen?
Melanie:  ( d )
Sara:     Danke! ( e )
Melanie:  Morgen nach dem Unterricht.
Sara:     Alles klar. Bis morgen!

1  Entschuldigung, ich darf nicht kommen.
2  Wir haben so viel Spaß.
3  Das ist eine gute Idee. Wo willst du das machen?
4  Die Teilnehmer mag ich nicht.
5  Wann hast du Zeit?
6  Ich habe eine Bitte.
7  Na, klar. Gestern Abend.
8  Aber natürlich!

解答欄  (a) ☐  (b) ☐  (c) ☐  (d) ☐  (e) ☐

解説と解答

出題の会話文と選択肢の訳は以下のようになります。正解は，(a) 6，(b) 2，(c) 3，(d) 8，(e) 5 です。

《出題の会話文の訳》
（ドイツ語の表現に出来るだけ忠実に訳したので，日本語として不自然な部分があります）

ザーラ：　　　ハロー，メラーニエ！
メラーニエ：　ハロー，ザーラ！
ザーラ：　　　（ a ）　今，少し時間がある？
メラーニエ：　あるわよ，何？
ザーラ：　　　来週，語学コースが終わるでしょ。
メラーニエ：　残念ね。（ b ）
ザーラ：　　　私は私たちのクラスがとても好きで，週末にパーティーを開きたいの。
メラーニエ：　（ c ）
ザーラ：　　　私はまだよく分からないけど。私の手助けをすることができる？
メラーニエ：　（ d ）
ザーラ：　　　ありがとう。（ e ）
メラーニエ：　明日，授業の後。
ザーラ：　　　まったく問題ないわ。じゃ，明日まで（さようなら）！

　ein bisschen　少し（後ろの Zeit を修飾）　　denn〈疑問文の強め〉
　nächste Woche〈副詞として用いられる4格；「来週」〉
　zu Ende gehen　終わる

《選択肢の訳》
1　ごめんなさい，私は行けないわ。
2　私たちはとても楽しめてるわ。
3　それはよい考えね。どこでそれをするつもり？
4　参加者たちが好きじゃないの。
5　いつ時間がある？
6　お願いがあるんだけど。
7　当然。昨晩。
8　もちろん！

以下は市場での会話です。空欄 (a)～(e) の中に入れるのに最も適切なものを下の 1～8 のうちから選び，その番号を解答欄に記入しなさい。

(2009 年秋)

Lisa: Guten Tag!
Verkäufer: Guten Tag! ( a )
Lisa: Ich möchte ein Kilo Tomaten und zwei Äpfel.
Verkäufer: ( b )
Lisa: Ja, haben Sie Eier?
Verkäufer: Aber natürlich! Eier habe ich hier.
Lisa: ( c )
Verkäufer: Ein Ei kostet 20 Cent.
Lisa: Gut, dann nehme ich 10 Eier.
Verkäufer: Möchten Sie noch etwas?
Lisa: ( d ) Das ist alles. Wie viel kostet das?
Verkäufer: Das macht zusammen . . .
Lisa: ( e ) Ich möchte noch drei Zitronen.
Verkäufer: Alles klar. Ein Kilo Tomaten, zwei Äpfel, drei Zitronen und 10 Eier.
Lisa: Das ist jetzt alles.
Verkäufer: Alles zusammen neun Euro, bitte.

1 Wie viel kostet ein Ei?
2 Einen Moment, bitte.
3 Ja, das ist nett.
4 Nein, danke.
5 Was kostet eine Tomate?
6 Kann ich Ihnen helfen?
7 Einen schönen Tag noch!
8 Sonst noch etwas?

解答欄 (a) ☐ (b) ☐ (c) ☐ (d) ☐ (e) ☐

> 解説と解答

出題の会話文と選択肢の訳は以下のようになります。**正解は，(a) 6，(b) 8，(c) 1，(d) 4，(e) 2** です。

《出題の会話文の訳》 （買い物におけるドイツ語の決まった表現が多くあります。そのまま覚えると，他の出題にも役に立ちます）

リーザ： こんにちは！
店員： 　こんにちは！（ a ）
リーザ： 私はトマト1キロとリンゴを二つほしいのですが。
店員： 　（ b ）
リーザ： はい，卵がありますか？
店員： 　もちろん！ 卵はここにあります。
リーザ： （ c ）
店員： 　一つの卵の値段は20セントです。
リーザ： いいわ，では，卵を10個もらいます。
店員： 　まだ何かほしいものがありますか？
リーザ： （ d ） これで全部です。これでおいくらですか？
店員： 　全部合わせて金額は…．．
リーザ： （ e ） 私はさらに追加してレモンを三つほしいわ。
店員： 　わかりました。トマトを1キロ，リンゴを二つ，レモンを三つ，そして卵を10個。
リーザ： これで今のところすべてです。
店員： 　すべて合わせて9ユーロになります。

　　ein Kilo Tomaten 〈量を表す名詞の同格的表現；「トマト1キロ」〉
　　nehme（＜nehmen）（買い物などで）買う

《選択肢の訳》
1　卵一つの値段はいくらですか？　　　2　ちょっと待ってください。
3　はい，それはご親切さま。　　　　　4　いいえ，結構です。
5　トマト一つの値段はいくらですか？　6　何か手助けができますか？
7　引き続きよい一日を！　　　　　　　8　他にまだ何か（お入り用ですか）？

注　Wie viel kostet ... と Was kostet ... は同じ意味です。

過去問題 以下は陽介がエルゼに家族の写真を見せて紹介している会話です。空欄 (a)〜(e) の中に入れるのに最も適切なものを下の 1〜8 のうちから選び，その番号を解答欄に記入しなさい。 (2009 年春)

Yosuke: Das ist meine Familie. Das hier ist mein Vater.
Else: ( a )
Yosuke: Er ist Lehrer. Er unterrichtet in einer Schule Englisch.
Else: ( b ) Deine Schwester?
Yosuke: Nein, das ist meine Mutter.
Else: Was? Sie sieht aber sehr jung aus.
Yosuke: ( c ) Nur 2 Jahre jünger als mein Vater. Und das ist meine Schwester.
Else: ( d )
Yosuke: Fünfzehn. Sie ist noch Schülerin.
Else: Was macht sie in der Freizeit? Hat sie ein Hobby?
Yosuke: ( e ) Sie joggt jeden Morgen und spielt sehr gut Tennis.

1　Sie ist fünfzig.
2　Wie heißt dein Vater?
3　Wer ist das?
4　Wie viel Uhr ist es?
5　Ja, sie hat dazu Zeit.
6　Sie macht gern Sport.
7　Wie alt ist sie?
8　Was ist dein Vater von Beruf?

解答欄　(a) ☐　(b) ☐　(c) ☐　(d) ☐　(e) ☐

解説と解答

出題の会話文と選択肢の訳は以下のようになります。正解は，(a) 8，(b) 3，(c) 1，(d) 7，(e) 6 です。

《出題の会話文の訳》

注 Schwester だけでは，姉か妹かの区別はつきませんが，ここでは，「姉」と訳し分けました。

陽介： これは私の家族です。ここのこれが私の父です。
エルゼ：( a )
陽介： 彼は先生です。彼は学校で英語を教えています。
エルゼ：( b ) あなたのお姉さん？
陽介： いいえ，それは私の母です。
エルゼ：何ですって？ 彼女はしかしとても若く見えます。
陽介： ( c ) 私の父より2歳だけ若いのです。
そして，これが私の妹です。
エルゼ：( d )
陽介： 15歳です。彼女はまだ生徒です（学校に行っています）。
エルゼ：彼女は自由な時間に何をしますか？
彼女は趣味を持っていますか？
陽介： ( e ) 彼女は毎朝ジョギングをしますし，とても上手にテニスをします。

Das hier 〈hier は Das を後ろから修飾；「ここのこれ」〉
... sieht ... aus 〈分離動詞 aus|sehen「…のように見える」；58頁参照〉
2 Jahre jünger als ... 〈jünger は jung の比較級；2 Jahre は差を表し，「…より2歳若い」〉
jeden Morgen 〈副詞として用いられる4格；「毎朝」〉

《選択肢の訳》

1 彼女は50歳です。　　2 君のお父さんの名前は何ですか？
3 これは誰ですか？　　4 何時ですか？
5 はい，彼女はそのための時間があります。
6 彼女はスポーツをするのが好きです。
7 彼女は何歳ですか？
8 君のお父さんの職業は何ですか？

# 26日目 テキストを読んで答える問題

以下は，マコトが日独交流サイトに投稿した文章です。この文章の内容に合うものを下の 1〜8 のうちから四つ選び，その番号を解答欄に記入しなさい。ただし，番号の順序は問いません。　　　（2011年秋）

Guten Tag. Mein Name ist Makoto Saito. Ich bin zwölf Jahre alt. Ich komme aus Japan, wohne jetzt in Düsseldorf und gehe in die japanische Schule. Ich suche deutsche E-Mail-Freundinnen oder E-Mail-Freunde. Seit zwei Jahren lerne ich Deutsch. Es macht mir viel Spaß. Aber ich kann noch nicht so gut Deutsch und mache viele Fehler. Ich möchte mit euch zusammen Deutsch lernen. Lernt ihr vielleicht Japanisch? Dann kann ich euch gern helfen.

Meine Hobbys sind Manga lesen, Anime sehen, Videospiele spielen, Musik hören, Rad fahren und Fußball spielen. Nach der Schule gehe ich oft in die Bibliothek. Besonders gern lese ich Bücher von Janosch und Erich Kästner. Was macht ihr gern? Schreibt mir bitte mal! Ich freue mich auf eure E-Mails.

1　マコトは12歳で，デュッセルドルフに住んでいる。
2　マコトは学校で，新しいドイツ人の友だちを作りたいと思っている。
3　マコトは2年間ドイツ語を学んでいて，それがとても楽しい。
4　マコトはまだドイツ語を読むことができないので，家庭教師をさがしている。
5　マコトは，日本語を学んでいる人がいれば手伝いたいと思っている。
6　マコトはマンガやアニメは好きだが，スポーツをするのは苦手である。
7　マコトは，よく本を持って学校へ行く。
8　マコトは読書が趣味で，特に好きな作家はヤーノシュとエーリヒ・ケストナーである。

解答欄　☐　☐　☐　☐

> 解説と解答

出題のドイツ語文は，以下のようになります。**正解は，1，3，5，8**（順序は問いません）。

《出題のドイツ語文の訳》

Guten Tag. Mein Name ist Makoto Saito.
　こんにちは。私の名前はマコト・サイトウです。

Ich bin zwölf Jahre alt.
　私は 12 歳です。
　注 　数字 ＋alt sein で「…歳です」。なお，句例では動詞を末尾に置きます（116 頁参照）。

Ich komme aus Japan, wohne jetzt in Düsseldorf und gehe in die japanische Schule.
　私は日本出身で，今デュッセルドルフに住んでいて，日本学校に行っています。
　注 　aus＋ 3格 ＋kommen で「…の出身です」。wohne の主語も，gehe の主語も ich ですが，繰り返しなので省略。japanische は japanisch「日本の」という形容詞に格語尾 -e が付いたもの。

Ich suche deutsche E-Mail-Freundinnen oder E-Mail-Freunde.
　私はドイツ人の女性の E メール友達あるいは男性の E メール友達を探しています。
　注 　deutsche は deutsch「ドイツ人の」という形容詞に格語尾 -e の付いたもの。E-Mail-Freundinnen は E-Mail「E メール」と Freundin「女性の友人」の複数形を結び付けたもの。

Seit zwei Jahren lerne ich Deutsch.
　2 年前から私はドイツ語を学んでいます。
　注 　seit は 3 格支配の前置詞。強調されて文頭。動詞は，2 番目に置く規則に基づいて，前置詞句の直後。

Es macht mir viel Spaß.
　それはとても楽しいです。
　注 　 3格 ＋Spaß machen で「…に楽しみを与える」。

Aber ich kann noch nicht so gut Deutsch und mache viele Fehler.
　しかし私はまだそれほどよくドイツ語ができなくて，たくさんの間違いをします。
　注 　viele は形容詞 viel「たんさんの」に格語尾 -e が付いたもの。Fehler machen で「間違いをする」。

Ich möchte mit euch zusammen Deutsch lernen.
　私は君たちと一緒にドイツ語を学びたいと思っています。

> 注 möchte「…したい」は話法の助動詞。そのため動詞 lernen が文末。

**Lernt ihr vielleicht Japanisch?**
　君たちはひょっとして日本語を学んでいますか？

**Dann kann ich euch gern helfen.**
　その場合私は喜んで君たちの手助けをすることができます。
> 注 kann（＜können「…できる」）は話法の助動詞。helfen「手助けをする」は3格の名詞と結び付きます。euch「君たち」は3格。

**Meine Hobbys sind Manga lesen, Anime sehen, Videospiele spielen, Musik hören, Rad fahren und Fußball spielen.**
　私の趣味は，マンガを読むこと，アニメを見ること，ビデオゲームをすること，音楽を聴くこと，自転車に乗ること，そしてサッカーをすることです。
> 注 Manga lesen などは62頁で説明した不定詞句です。不定詞句は，「…すること」という名詞として用いられます。

**Nach der Schule gehe ich oft in die Bibliothek.**
　学校が終わった後私はしばしば図書館に行きます。

**Besonders gern lese ich Bücher von Janosch und Erich Kästner.**
　特に私はヤーノシュとエーリヒ・ケストナーの本を読むのが好きです。
> 注 besonders gern は「特に喜んで」，「特に…するのが好きです」と訳しました。

**Was macht ihr gern?**
　君たちは何をするのが好きですか？

**Schreibt mir bitte mal!**
　私に一度どうぞ（メールを）書いてください！
> 注 schreibt は ihr に対する schreiben「書く」の命令形。mal は命令形の強め。「一度」と訳してみました。

**Ich freue mich auf eure E-Mails.**
　私は君たちのEメールを心待ちにしています。
> 注 freue mich は62頁で説明した再帰動詞，前置詞と結びついて，「…を期待する」。

> **過去問題** 次の文章の内容に合うものを下の 1〜8 のうちから四つ選び，その番号を解答欄に記入しなさい。ただし，番号の順序は問いません。
>
> （2010 年秋）

Geschichte auf Deutsch, aber Mathe auf Türkisch: So ist der Unterricht in einer Grundschule in Hamburg. Ist das nicht interessant? Ich möchte von meiner Klasse erzählen. Ich heiße Sophie, bin acht Jahre alt und gehe seit zwei Jahren zur Schule.

Wir sind dreiundzwanzig Schüler in der Klasse und haben drei Lehrer. Zwei sind türkisch und einer deutsch. Viele Kinder sind türkisch oder deutsch. Aber es gibt auch Kinder aus Afrika oder Asien. Wir haben dreimal pro Woche Türkischunterricht. Da gibt es auch Hausaufgaben. Ich kann schon ein bisschen Türkisch. Das macht Spaß!

1　ハンブルクには，授業がドイツ語とトルコ語で行われている小学校がある。
2　授業はドイツ語とトルコ語で行われているが，ゾフィーはそれに関心がない。
3　ゾフィーのクラスには 32 名の生徒がいる。
4　ゾフィーのクラスには 3 名の先生がいて，トルコ人の先生の方が多い。
5　ゾフィーは 8 学年目である。
6　ゾフィーのクラスには，外国から来た子供たちがいる。
7　ゾフィーはトルコ語が少しできる。
8　ゾフィーはトルコ語がつまらないと思っている。

解答欄　□　□　□　□

### 解説と解答

出題のドイツ語文は，以下のようになります。**正解は，1，4，6，7** です。なお，なぜそれらが正解かの説明は省きます。

《出題のドイツ語文の訳》

Geschichte auf Deutsch, aber Mathe auf Türkisch:
　歴史はドイツ語で，しかし数学はトルコ語で：

> 注 「auf＋言語名」で「…語で」という意味。

So ist der Unterricht in einer Grundschule in Hamburg.
　そんふうにハンブルクのある小学校では授業が行われています。

Ist das nicht interessant?
　それは面白くありませんか？

Ich möchte von meiner Klasse erzählen.
　私は私のクラスについて話をしてみたいと思います。

Ich heiße Sophie, bin acht Jahre alt und gehe seit zwei Jahren zur Schule.
　私はゾフィーという名前で，8歳で，そして2年前から学校に行っています。

Wir sind dreiundzwanzig Schüler in der Klasse und haben drei Lehrer.
　私たちのクラスは23名で，3名の先生がいます。
> 注 前半の逐語訳は「私たちはクラスの中で23名の生徒です」。

Zwei sind türkisch und einer deutsch.
　2名（の先生）がトルコ人，そして1名がドイツ人です。
> 注 Zwei は zwei von den Lehrern「その先生たちのうちの2名」，einer は einer von den Lehrern「その先生たちの1名」の省略形。不定冠詞 ein も後の名詞を省略して用いることができます。ただし格語尾を付けます。省略した名詞が男性名詞ならば einer，女性名詞ならば eine，中性名詞ならば eines になります。

Viele Kinder sind türkisch oder deutsch.
　多くの子供たちがトルコ人あるいはドイツ人です。
> 注 türkisch と deutsch は形容詞，sind と結びついて，「トルコ人です／ドイツ人です」の意味になります。次の文の aus は出身地を表す前置詞。

Aber es gibt auch Kinder aus Afrika oder Asien.
　しかしアフリカあるいはアジアからの子供たちもいます。

Wir haben dreimal pro Woche Türkischunterricht.
　私たちは週に3回トルコ語の授業があります。

Da gibt es auch Hausaufgaben.
　その授業でも宿題があります。
> 注 … gibt es＋ 4格 で「…がある」

Ich kann schon ein bisschen Türkisch.
　私はすでに少しトルコ語ができます。

Das macht Spaß!
　それはおもしろいです。

> **過去問題** 次の文章の内容に合うものを下の 1～8 のうちから四つ選び，その番号を解答欄に記入しなさい。だだし，番号の順序は問いません。
>
> (2009 年秋)

Tobias ist 4 Jahre alt und wartet seit Tagen auf Sonntag. Am Sonntag geht er mit seinen Eltern in den Zoo.
Heute ist endlich Sonntag. Im Zoo geht Tobias zuerst zu den Affen. Er mag Affen am liebsten. Er bleibt lange dort und will nicht weitergehen. Dann sieht er einen Löwen. Der Löwe ist sehr groß und zeigt seine scharfen Zähne*. Da hat Tobias Angst und will lieber weiter. Die Familie geht zu den Giraffen. Tobias fragt seine Mutter: „Warum haben Giraffen einen langen Hals**?" Seine Mutter lacht und sagt: „Das weiß ich auch nicht." Dann machen sie eine Pause. Tobias hat Hunger. Nach dem Essen sehen sie noch viele andere Tiere.
Tobias schläft heute Abend bestimmt gut und träumt vom Zoo.

*Zähne（複数）歯　　**Hals　首

1　トビーアスは日曜に両親と動物園に出かける。
2　トビーアスはまずキリンのところに向かう。
3　トビーアスを見ていたサルは立ち去ろうとはしない。
4　とても大きなライオンが鋭い歯を見せるので，トビーアスは怖くなる。
5　トビーアスはキリンの首が長い理由を母親に尋ねる。
6　トビーアスはお腹が痛くなって，休憩する。
7　トビーアスは食事の後，他の動物をほとんど見ない。
8　トビーアスは今晩きっとよく眠れるだろう。

解答欄　□　□　□　□

**解説と解答**

出題のドイツ語文は，以下のようになります。**正解は，1，4，5，8** です。（順序は問いません）

《出題のドイツ語文の訳》

Tobias ist 4 Jahre alt und wartet seit Tagen auf Sonntag.

トビーアス 4 歳で，数日前から日曜日を待っています。

> 注 warten「待つ」は auf の前置詞句と結び付きます。seit は「…前から」という意味の前置詞。

Am Sonntag geht er mit seinen Eltern in den Zoo.

日曜日に彼は彼の両親と動物園に行きます。

> 注 前文に関連ある語 Am Sonntag「日曜日に」が文頭に置かれています。

Heute ist endlich Sonntag.

きょうはようやく日曜日です。

> 注 Heute は本来副詞ですが，Heute ist ... という形で「今日は…です」という意味で用います。

Im Zoo geht Tobias zuerst zu den Affen.

動物園ではトビーアスは最初にサルのところに行きます。

> 注 Affe［アッフェ］「サル」は男性弱変化名詞（104 頁参照）。

Er mag Affen am liebsten.

彼はサルが一番好きなのです。

> 注 mag は mögen「…が好きである」の人称変化形。am liebsten は，gern「好んで」の最高級，「最も好んで（…をする）」という意味で使われます。両者が合わさって「最も好きです」という意味になります。

Er bleibt lange dort und will nicht weitergehen.

彼は長いことそこに留まり，そして先に進もうとしません。

Dann sieht er einen Löwen.

それから彼はライオンを見ます。

> 注 Löwe［レーヴェ］「ライオン」は男性弱変化名詞（104 頁参照）。

Der Löwe ist sehr groß und zeigt seine scharfen Zähne.

ライオンはとても大きく，そしてその鋭い歯を見せます。

> 注 scharfen は形容詞 scharf「鋭い」に格語尾 -en が付いたもの。

Da hat Tobias Angst und will lieber weiter.

そのためトビーアスは怖くなり，そこより先に進みたがります。

> 注 Angst haben は「怖くなる」と訳しましたが，文字通りの訳は「不安を持っている」。日独の表現の仕方の相違。
> lieber は gern「喜んで」の比較級，「むしろ…の方を好んで（する）」という意味で使われます。will は話法の助動詞 wollen「…するつもりです」の人称変化形，しかし本動詞がありませんね。移動を表す動詞（たとえば gehen

「行く」)の場合，省略することがあるのです。56頁を参照。

Die Familie geht zu den Giraffen.

　家族はキリンのところに行きます。

　注 「…に行く」と言うとき，人，動物の場合は前置詞 zu を用います。

Tobias fragt seine Mutter: „Warum haben Giraffen einen langen Hals?"

　トビーアスは母親に尋ねます：『キリンはなぜ長い首を持っているの？』

　注 langen は形容詞 lang「長い」に格語尾 -en が付いたもの。

Seine Mutter lacht und sagt: „Das weiß ich auch nicht."

　彼の母親は笑って，そして言います：『それは私も知らないわ』。

Dann machen sie eine Pause.

　それから彼らはひと休みします。

　注 eine Pause machen で「ひと休みする」。

Tobias hat Hunger.

　トビーアスはお腹が空きます。

　注 Hunger haben は「空腹になる」と訳しましたが，文字通りの訳は「空腹を持っている」。日独の表現の仕方の相違です。

Nach dem Essen sehen sie noch viele andere Tiere.

　食後，彼らはさらに多くの他の動物を見ます。

　注 viele および andere は，それぞれ viel「多くの」，「他の」ander という形容詞に格語尾 -e の付いたものです。

Tobias schläft heute Abend bestimmt gut und träumt vom Zoo.

　トビーアスは今晩きっとぐっすり眠り，そして動物園について夢を見ます。

　注 heute Abend で「今晩」。bestimmt は「きっと」という副詞。träumen は，von＋3格 と結びついて，「…について夢を見る」。

# 27日目 聞き取り問題

## 聞き取り問題

聞き取り試験は3部から成り立っています。以下の説明を読み，放送されるドイツ語を聞いて設問に答えなさい。試験時間は約20分。

(2010年秋)
(著者注：この部分は要点を抜粋しました。)

### 第1部　Erster Teil

1. 第1部の問題は (1) から (5) まであります。
2. 各問題において，それぞれ4つの短い会話1〜4を放送します。間隔をおいてもう一度繰り返します。
3. すべての会話を聞いたうえで，会話として最も自然なものを選び，その番号を解答用紙の所定の欄に記入してください。
   (著者注：解答用紙は用意しておりません。本番では，解答用紙にしっかり記入してください。)
4. 以下，同じ要領で問題 (5) まで順次進みます。
5. メモは自由にとってかまいません。
6. 問題を始める前に，放送で解答のしかたを説明します。その説明の中で例を示します。

解答欄　(1) □　(2) □　(3) □　(4) □　(5) □

### 第2部　Zweiter Teil

1. 第2部は，問題 (6) から (8) まであります。
2. まずドイツ語の文章を放送し，内容についての質問 (6)〜(8) を放送します。それをもう一度放送します。
3. それを聞いたうえで，(6) (7) には適切な一語を，(8) には算用数字を解答用紙の所定の欄に記入してください。
   (著者注：解答用紙は用意しておりません。本番では，解答用紙にしっかり記入してください。)
4. 最後に全体を通して放送します。
5. メモは自由にとってかまいません。

解答欄　(6) Im _____.　(7) Drei _____.　(8) □□□ Euro.

## 第 3 部　Dritter Teil

1. 第3部は，問題は (9) から (11) まであります。
2. まずドイツ語の短い文章を2回放送します。
3. それを聞いたうえで，その文章の内容を表すのに最も適した絵をそれぞれ1～4のうちから選び，その番号を<u>解答用紙の所定の欄</u>に記入してください。
   （著者注：解答用紙は用意しておりません。本番では，解答用紙にしっかり記入してください。）
4. 以下，同じ要領で問題 (11) まで順次進みます。
5. 最後に，問題 (9) から (11) までのドイツ語の文章をもう一度通して放送します。そのあと，およそ1分後に試験終了のアナウンスがあります。試験監督者が解答用紙を集め終わるまで席を離れないでください。
6. メモは自由にとってかまいません。

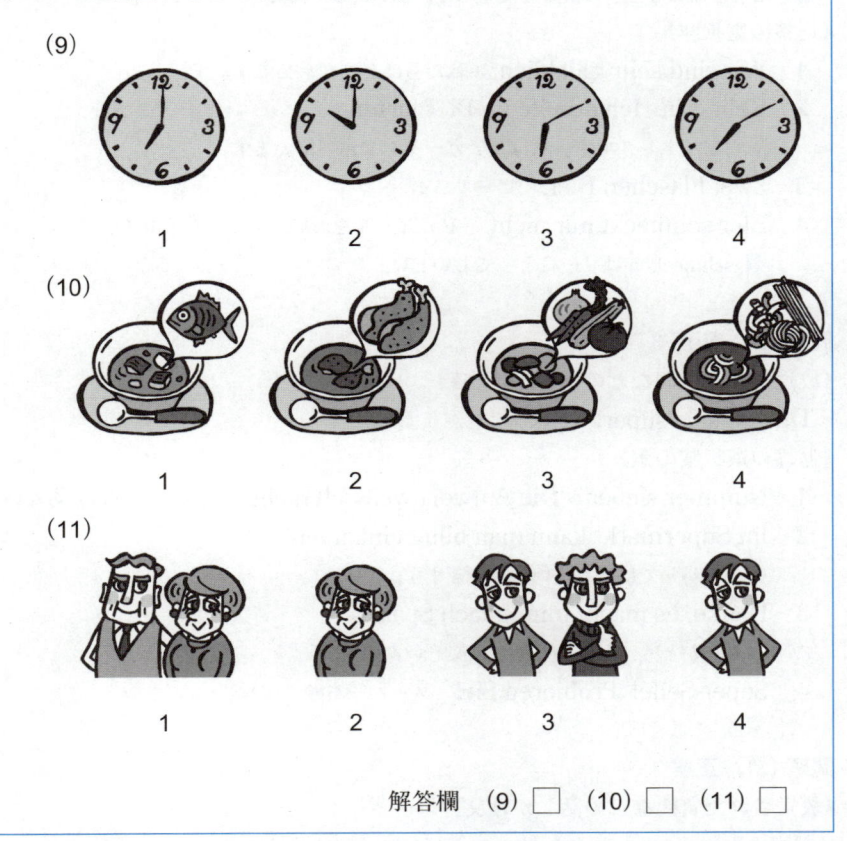

(9)

1　　　2　　　3　　　4

(10)

1　　　2　　　3　　　4

(11)

1　　　2　　　3　　　4

解答欄　(9) ☐　(10) ☐　(11) ☐

### 解説と解答

## 第 1 部

この部では，会話として成り立つ最も自然な返答を選ぶ聞き取り力が試されます。どの選択肢が会話として最も自然な返答かは内容に関するものですので，放送された質問文などの話しかけ文と返答の選択肢とそれらの訳を，文法的な注と一緒に挙げます。

### 問題 (1)： 正解 2

《放送された質問などの話しかけ文》

Was sind Sie von Beruf?　あなたの職業は何ですか？

注　職業を尋ねるときの決まり文句です。Beruf は「職業」。

《返答の選択肢》

1　Wir sind sehr glücklich.　私たちはとても幸せです。
2　Kellnerin. Ich arbeite im Biergarten.
　　ウェイトレスです。私はビアガーデンで働いています。
3　Zwei Flaschen Bier.　ビール二本。
4　Bier schmeckt mir nicht.　私はビールをおいしいと思いません。
　　注　schmecken は「…にとっておいしい」

### 問題 (2)： 正解 3

《放送された質問などの話しかけ文》

Du singst ja super!　君は実に歌がうまいね！

《返答の選択肢の訳》

1　Nummer sieben? Die Antwort weiß ich nicht.　7番？ 答えは知らないよ。
2　Im Supermarkt kann man billig einkaufen.
　　スーパーでは安く買い物ができます。
3　Danke, es macht mir einfach Spaß.
　　ありがとう，とにかくそれは楽しいんです。
4　Super Seife! Probieren Sie!　スーパー石鹸！ お試しください。

### 問題 (3)： 正解 2

《放送された質問などの話しかけ文》

Wann kommst du nach Hause?　何時に帰宅しますか？

《返答の選択肢の訳》
1　Sie bekommt ein Kind.　　　彼女は子供が生まれます。
2　Um Viertel nach zehn.　　　10 時 15 分に。
3　Das Haus ist klein.　　　　 この家は小さいです。
4　Zur Uni gehe ich um zehn.　大学には 10 時に行きます。

問題 (4)：**正解** 3
《放送された質問などの話しかけ文》
Wo wohnt Herr Beier?　バイアーさんはどこにお住まいですか？
《返答の選択肢の訳》
1　Bei dir ist alles in Ordnung.　君はすべて大丈夫だよ。
2　Immer wieder gerne.　　　　 何度でも喜んで。
3　In Bayern, in Bamberg.　　　 バイエルン州よ，バンベルクの町に。
4　Inge kann bei mir schlafen.　インゲは私のところで寝ることができるわ。

問題 (5)：**正解** 4
《放送された質問などの話しかけ文》
Studierst du Mathematik?　君は数学を専攻しているの？
《返答の選択肢の訳》
1　Nein, ich mag die Musik nicht.　いいえ，私はその音楽が好きではありません。
2　Nein, ich studiere Mathematik.　いいえ，私は数学を専攻しています。
3　Ja, ich studiere Musik.　　　　 はい，私は音楽を専攻しています。
4　Ja, Mathematik ist interessant.　はい，数学は面白いです。

## 第 2 部

この部では，放送された文章の内容に関して的確に答える聞き取り力が試されます。そして，同時に聞き取った単語を正しく書くことも試験の対象です。放送された文章と問題文とそれらの訳を，文法的な注と一緒に挙げます。

《放送された文章》
Herr und Frau Schmidt reisen im März nach Italien.
　シュミット夫妻は 3 月にイタリアに旅行します。
　注　Herr und Frau ... で「…夫妻」。月の場合，前置詞 in を使い，一般的に

im と融合します。

**Sie fahren drei Wochen mit dem Auto von Norden nach Süden und zurück.**

彼らは3週間車で北から南へ走り，そして戻って来ます。

> 注 drei Wochen は期間を表す副詞的4格で，「3週間の間」。方向を表す Norden や Süden はふつう冠詞を付けません。zurück は「元の場所に戻って（行く）」。

**Für die Reise machen sie jetzt einen Sprachkurs.**

その旅行のために彼らは今，語学講習を受けてます。

> 注 einen Sprachkurs machen は「語学講習を受ける」という決まった言い回し。

**Herr und Frau Schmidt lernen 36 Stunden Italienisch für die Reise.**

シュミット夫妻は36時間旅行のためのイタリア語を学びます。

> 注 36 Stunden は期間を表す副詞的4格で，「36時間」。Italienisch für die Reise は「旅行のためのイタリア語」。

**Das macht viel Spaß.**

それはとても楽しいことです。

> 注 viel は「多くの」という形容詞で，Spaß「楽しみ」を修飾。逐語的に訳すと，「それは多くの楽しみを作ります」。

**Der Kurs kostet pro Person nur 156 Euro.**

そのコースは一人156ユーロしかかかりません。

> 注 kostet（＜kosten）は「…の値段になる」。pro Person で「一人につき」。pro の後ろの名詞には冠詞を付けません。

## 問題（6）： 正解 **März** （所定の欄： Im ＿＿＿＿）

《問題文》

**Wann reisen sie?** 彼らはいつ旅行しますか？

> 注 疑問詞が文頭に置かれる疑問文。以下も同じですが，疑問詞はともかくマスターする必要があります。月名は前置詞 in の，定冠詞との融合形 im と結びつきます。「3月に」。

## 問題（7）： 正解 **Wochen** （所定の欄： Drei ＿＿＿＿）

《問題文》

**Wie lange reisen sie?** 彼らはどのくらい長く旅行をしますか？

> 注 lange は「長く」。wie は副詞などと結びついて，「どのくらい…」。なお，解答を書く時には，単数か複数かをしっかり確認しましょう。「3週間」。

**問題 (8)**: 正解 156（所定の欄：□□□ Euro）

《問題文》

Was kostet der Sprachkurs für eine Person?

語学コースは一人いくらかかりますか？

> 注 Was kostet ...? はいつもどこかで出題文で使用されますから，覚えて損ではありません。für eine Person は「一人に対して」，pro Person と同じ意味です。Was kostet ... が分かれば，Euro か Cent と現れる数字に注意するのが対策になるかも知れません。「156 ユーロ」。

## 第3部

この部では，放送された文章の内容に最もよく対応する絵を選ぶ聞き取り力が試されます。絵を見て，何が話題になるかの見当をつけることが一番の対策でしょう。放送された文章とその訳を，文法的な注と一緒に挙げます。

**問題 (9)**: 正解 4

《放送された文章》

Wir müssen gehen. Der Zug kommt um sieben Uhr zehn.

私は行かなければなりません。列車が 7 時 10 分に来ます。

> 注 絵を見て，時刻が出題されると推測できます。um ... Uhr ... で，「…時…（分）に」。Uhr の前の数字が「時」，後ろの数字が「分」。

**問題 (10)**: 正解 1

《放送された文章》

Nach dem Spaziergang gehe ich ins Restaurant. Ich esse eine Fischsuppe.

散歩の後，私はレストランに行きます。私は魚のスープを食べます。

> 注 絵を見て，スープの種類が出題されると推測できます。Fischsuppe は Fisch「魚」と suppe「スープ」の合成語。

**問題 (11)**: 正解 3

《放送された文章》

Ich brauche Hilfe. Ich frage meine Brüder.

私は手助けを必要としています。私は私の兄弟たちに尋ねてみます。

> 注 絵は，一人か二人か，若い人か年寄りかの対立になっています。Brüder は，Bruder「男の兄弟」の複数形。Hilfe brauchen は「手助けを必要とする」。

## ●動物の鳴き声を表わす動詞●

☆擬声語がドイツ語で動詞にまでなっている主なものが動物の鳴き声です。ここでは，動物の鳴き声を表わすドイツ語動詞を一覧にしてみましょう。

☆各言語によって実際の鳴き声をどう捉えるか，どう聞きとるかに相違があり，たとえば日本語で「コケコッコー」と鳴くとされるオンドリも，どこでも「コケコッコー」と鳴いているわけではないようです。物事すべて主観の問題でしょうか？

☆鳴き声そのものも挙げますので，日本語の訳とも比較しながら，動物の鳴き声がドイツ語ではどのように言語化されているかを学んでください。

| 動詞 | | 鳴き声 | |
|---|---|---|---|
| Der Hahn kräht.<br>クレート | おんどりが鋭い声で鳴く。 | kikeriki | コケコッコー |
| Das Huhn gackert.<br>ガッカルト | にわとりがコッコッと鳴く。 | gagagack | コッコッコッコ |
| Die Katze miaut.<br>ミアオト | 猫がニャーニャー鳴く。 | miau, miau | ニャーニャー |
| Das Schwein grunzt.<br>グルンツト | 豚がブーブー鳴く。 | grunz, grunz | ブーブー |
| Die Kuh muht.<br>ムート | 雌牛がモーと鳴く。 | muh, muh | モーモー |
| Der Frosch quakt.<br>クヴァークト | 蛙がケロケロ鳴く。 | quak, quak | ケロケロ |
| Die Biene summt.<br>ズムト | 蜜蜂がブンブン音をたてる。 | summ, summ | ブンブン |
| Die Grille zirpt.<br>ツィルプト | こおろぎがリンリンと鳴く。 | zirp, zirp | リンリン |
| Der Hund kläfft.<br>クレフフト | 犬がキャンキャン鳴く。 | wau, wau | ワンワン |

注 犬の一般的な鳴き声は，「キャンキャン」でなく，「ワンワン」ですので，それに対応するドイツ語 wau, wau を鳴き声として載せておきます。

☆動物の鳴き声をどう捉えるかは歴史的にもゆれがあるようです。たとえば，16世紀には豚の鳴き声もカラスと同じ krächzen［クレヒツェン］で表現されていたとのことです。時が経つにつれて鳴き方が変わる——これが女房も同じですね，はじめは甘い優しいものの言い方から乱暴な可愛げのないものへと…。少し話が違うかな？

# 第 5 章

# 総仕上げ

### 28 日目　模擬テスト

【独検4級】の実際の出題形式にならった模擬試験です。聞き取りを合わせて150点満点ですが，合格ラインは100点満点の約60点です。ある程度の確信を持って合格点に達しなかった人は，もう一度，自分の弱点がどこにあるかを確認して，本書の，それに該当する箇所を再度読み直してみましょう。本書をしっかり勉強すれば，必ず合格できるとは思いますが，自信を持って合格できた方がいいですね？　なお，解答欄は162頁にあります。

# 28日目 模擬テスト

第4週 7日目

月　　日

## 筆記試験問題　(試験時間 60 分)

**1** 次の (1)〜(4) の条件にあてはまるものが各組に一つずつあります。それを下の 1〜4 のうちから選び，その番号を解答欄に記入しなさい。

(1) 下線部の発音が他と異なる。
　　1　D<u>a</u>nk　　2　A<u>d</u>resse　　3　Kin<u>d</u>er　　4　Aben<u>d</u>essen

(2) 下線部にアクセント（強勢）がない。
　　1　<u>A</u>ntwort　　2　K<u>i</u>no　　3　B<u>e</u>ruf　　4　T<u>e</u>nnis

(3) 下線部が短く発音される。
　　1　The<u>a</u>ter　　2　J<u>u</u>ni　　3　Rom<u>a</u>n　　4　Sp<u>o</u>rt

(4) 問い A に対する答え B の下線部中で，通常最も強調して発音される。
　　A: Wem gehört der CD-Spieler?　　(2011 年秋)
　　B: Der <u>CD-Spieler gehört einer Lehrerin</u>.
　　1　CD-Spieler　　2　gehört　　3　einer　　4　Lehrerin.

**2** 次の (1)〜(4) の文で ( ) の中に入れるのに最も適切なものを下の 1〜4 のうちから選び，その番号を解答欄に記入しなさい。

(1) (　　) ihr den Eltern?
　　1　Helft　　2　Helfe　　3　Hilft　　4　Hilfst

(2) (　　) du mir eine Tasse Kaffee bringen?
　　1　Können　　2　Kann　　3　Könnt　　4　Kannst

(3) Er (　　) am Wochenende zu seiner Tante.
　　1　fahren　　2　fahre　　3　fahrt　　4　fährt

(4) Tschüs, Felix. (　　) bald wieder!
　　1　Komm　　2　Kommen　　3　Kommt　　4　Kommst

**3** 次の (1)〜(4) の文で (　) の中に入れるのに最も適切なものを下の 1〜4 のうちから選び，その番号を解答欄に記入しなさい。

(1) Vergessen Sie (　) Regenschirm nicht!
　　1　deinen　　2　euren　　3　Ihren　　4　ihnen

(2) (　) Zug hält hier nicht.
　　1　Dieser　　2　Dieses　　3　Welcher　　4　Welches

(3) Seit drei (　) lernt Hans fleißig Japanisch.
　　1　Monat　　2　Monats　　3　Monate　　4　Monaten

(4) Der Mann fragt (　) nach dem Weg zur Polizei.
　　1　mich　　2　mir　　3　ich　　4　meiner

**4** 次の文に (　) の語を挿入して文を完成する場合，最も適切な個所はどこですか。1〜4 のうちから選び，その番号を解答欄に記入しなさい。

(1) (kommt)
　　A: Kommt Sophie nicht aus Frankreich?
　　B: Nein, 1 sie 2 nicht 3 aus Frankreich 4 .　　(2010 年秋)

(2) (nehmen)
　　Bitte 1 Sie 2 hier 3 Platz 4 , Frau Schmidt!

(3) (nicht)
　　A: Fährt Max heute nach Köln?
　　B: Nein 1 , er 2 fährt heute 3 nach 4 Köln.

(4) (mir)
　　Können 1 Sie 2 den Weg 3 zur Post 4 zeigen?

**5** 次の (1)〜(4) の文で ( ) の中に入れるのに最も適切なものを下の 1〜4 のうちから選び，その番号を解答欄に記入しなさい。

(1) Gehen Sie gern ins Kino? — Ja, ich sehe gern ( ).　（2010 年春）
　　1　Oper　　　2　Filme　　　3　Lieder　　　4　Fernsehen

(2) Wir brauchen keinen Mantel. Es ist sehr ( ).　（2010 年秋）
　　1　warm　　　2　kalt　　　3　müde　　　4　kühl

(3) Können Sie ( ) helfen? Sie braucht Hilfe.
　　1　ihm　　　2　sie　　　3　ihr　　　4　Ihnen

(4) In Japan beginnt die Schule ( ) April.　（2011 年秋）
　　1　am　　　2　im　　　3　um　　　4　vom

**6** 次の (1)〜(4) の会話が完成するように，( ) の中に入れるのに最も適切なものを下の 1〜4 のうちから選び，その番号を解答欄に記入しなさい。

(1) A: Mama, darf ich mit Tina ins Kino gehen?　（2011 年秋）
　　B: Ja, aber zuerst ( ) du Hausaufgaben machen.
　　1　darfst　　　2　möchtest　　　3　musst　　　4　willst

(2) A: Wie kommst du zu uns?
　　B: Ich komme ( ).
　　1　vor der Haltestelle　　　2　mit der Post
　　3　vor dem Bahnhof　　　　4　mit dem Bus

(3) A: ( ) kostet das?
　　B: Es kostet 5 Euro 30.
　　1　Wie teuer　　2　Wie hoch　　3　Wie groß　　4　Wie viel

(4) A: Ist der Zug schon weg?　（2011 年春）
　　B: Nein, noch nicht.
　　C: ( )!
　　1　Ja, bitte sehr　　　　2　Gott sei Dank
　　3　Doch, gern　　　　　4　Nein, danke

**7** 以下の文章は，David が家族の写真を見せながら，友人の Anna に説明しているものです。絵を参考にして (a)〜(e) と一致するものを下の 1〜8 の絵から選び，その番号を解答欄に記入しなさい。

(2010 年秋)

Anna, schau mal, das ist meine Familie. Die Frau hier ist meine Mutter. Sie arbeitet drei Mal pro Woche in einer Apotheke. Der Mann mit der Brille ist mein Vater. Er arbeitet jetzt in einer Firma und geht sehr früh zur Arbeit. Der Mann hier ist mein Bruder Markus. Meine Mutter sagt immer, seine Haare sind viel zu lang. Er studiert Informatik und arbeitet oft zu Hause am Computer. Außerdem spielt er gern Klavier. Er besucht manchmal Konzerte in Bonn. Dort wohnt seine Freundin Lisa. Sie arbeitet in einer Bibliothek. Sie ist sehr hübsch und nett. Der Mann auf dem Sofa ist mein Großvater. Er ist schon 95 Jahre alt, aber gesund. Er trägt gern eine Mütze und ist sehr stolz auf seinen Bart. Da ganz vorne ist unser Hund Fritz. Er spielt sehr gern mit seinem Ball.

(a) Davids Großvater　(b) Davids Vater
(c) Markus　(d) Lisa
(e) Fritz

**8** 以下は旅行者と通行人の会話です。空欄 (a)〜(e) の中に入れるのに最も適切なものを下の 1〜8 のうちから選び，その番号を解答欄に記入しなさい。

(2010年秋)

Tourist: Entschuldigung! Wie komme ich zum Bahnhof?
Passant: Zum Hauptbahnhof? ( a ) Sie gehen hier geradeaus bis zur Kreuzung da und rechts in die Kantstraße. Dann sehen Sie gleich links den Bahnhof.
Tourist: Danke schön. ( b )
Passant: Nicht so lange. Ungefähr 20 Minuten.
Tourist: Ach, so weit? ( c )
Passant: Ja, sicher. Sie möchten nicht zu Fuß gehen? ( d )
Tourist: Das ist aber nett von Ihnen!

\* \* \* \* \* \* \* \* \* \* \* \* \* \* \* \* \* \*

Passant: Hier ist die Haltestelle.
Tourist: Wann kommt der Bus?
Passant: ( e )
Tourist: Vielen Dank!

1. Nein, ich fahre immer mit dem Zug.
2. Möchten Sie keinen Kaffee?
3. Sehr kurz.
4. Dann zeige ich Ihnen die Haltestelle.
5. In fünf Minuten.
6. Kann ich auch mit dem Bus fahren?
7. Ganz einfach.
8. Wie lange brauche ich bis dorthin.

**9** 次の文章の内容に合うものを下の1〜8のうちから4つ選び，その番号を解答欄に記入しなさい。だだし，番号の順序は問いません。　　　　（2010年春）

Yoko ist Studentin in Fukuoka. Ihr Onkel arbeitet in Berlin. Ende Juli besucht sie ihn dort und bleibt bei ihm einen Monat. Berlin hat viele Museen, Theater, Opern und Kinos. Das Stadtleben ist sehr interessant.

Yoko will besonders zur Museumsinsel*, denn sie liebt Bilder und malt selbst sehr gut. Auch klassische Musik hört sie gern. Leider gibt es von Juli bis Anfang September fast keine Klassik-Konzerte und Yoko muss schon Ende August nach Japan zurück. Deswegen plant ihr Onkel einen Ausflug nach Potsdam. Potsdam ist nur eine kleine Stadt, aber sie hat ein wunderschönes Schloss.

\*Museumsinsel　博物館島。複数の博物館・美術館が集中するベルリン中心部一区画。

1　陽子は，6月末にベルリンの叔父を訪ねる。
2　陽子はベルリンで叔父の家の近くに滞在する。
3　ベルリンには博物館や劇場，オペラハウス，映画館が多くある。
4　陽子は絵が好きなうえ，自分でも上手に描くので，特に博物館島に行ってみたい。
5　クラシックコンサートは，7月から9月初めまでほとんどない。
6　陽子は，コンサートシーズンが始まってから日本に帰るつもりだ。
7　陽子は叔父をポツダムへの小旅行に誘う。
8　ポツダムは小さな町だが，とても美しい宮殿がある。

# 聞き取り問題

> 聞き取り試験は3部から成り立っています。以下の説明を読み，放送されるドイツ語を聞いて設問に答えなさい。試験時間は約20分。

(2010年春)
(著者注：この部分は要点を抜粋しました。)

## 第1部　Erster Teil

1. 第1部の問題は (1) から (5) まであります。
2. 各問題において，それぞれ4つの短い会話1～4を放送します。間隔をおいてもう一度繰り返します。
3. すべての会話を聞いたうえで，会話として最も自然なものを選び，その番号を解答用紙の所定の欄に記入してください。
4. 以下，同じ要領で問題 (5) まで順次進みます。
5. メモは自由にとってかまいません。
6. 問題を始める前に，放送で解答のしかたを説明します。その説明の中で例を示します。

## 第2部　Zweiter Teil

1. 第2部は，問題 (6) から (8) まであります。
2. まずドイツ語の文章を放送し，内容についての質問 (6)～(8) を放送します。それをもう一度放送します。
3. それを聞いたうえで，(6) には算用数字を，(7)(8) には適切な一語を解答用紙の所定の欄に記入してください。
4. 最後に全体を通して放送します。
5. メモは自由にとってかまいません。

## 第3部　Dritter Teil

1. 第3部は，問題 (9) から (11) まであります。
2. まずドイツ語の短い文章を2回放送します。
3. それを聞いたうえで，その文章の内容を表すのに最も適した絵をそれぞれ1〜4のうちから選び，その番号を解答用紙の所定の欄に記入してください。
4. 以下，同じ要領で問題 (11) まで順次進みます。
5. 最後に，問題 (9) から (11) までのドイツ語の文章をもう一度通して放送します。そのあと，およそ1分後に試験終了のアナウンスがあります。試験監督者が解答用紙を集め終わるまで席を離れないでください。
6. メモは自由にとってかまいません。

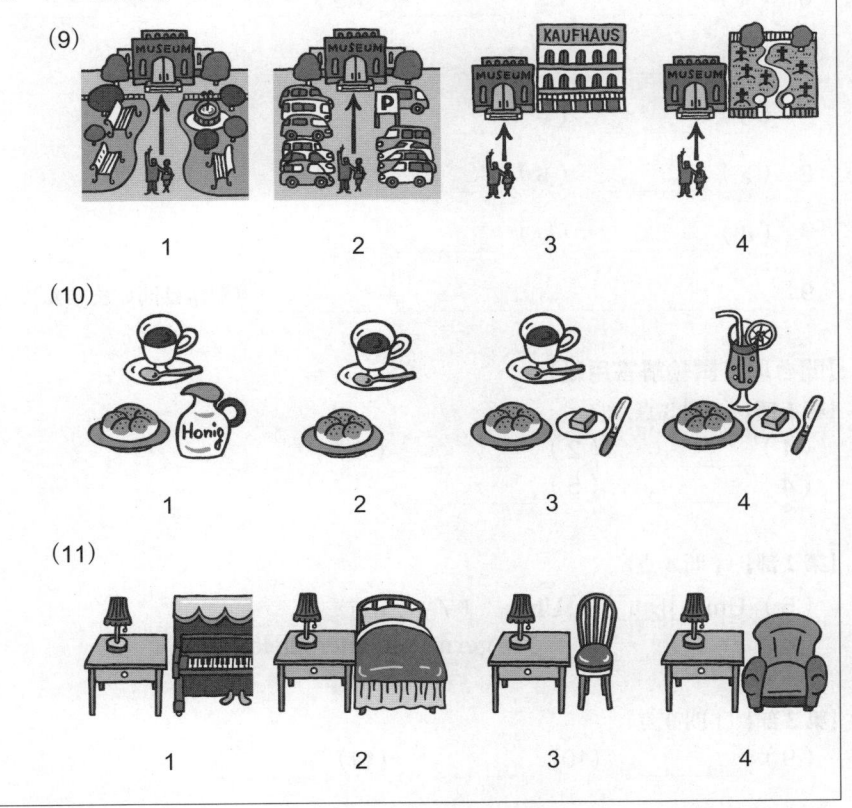

(9)

1　　2　　3　　4

(10)

1　　2　　3　　4

(11)

1　　2　　3　　4

**【筆記試験解答用紙】** 配点は素点で合計 150 点です。これを 100 点満点に換算して 60 点 (すなわち 90 点) 以上が合格になります。

(1 問 3 点)

1　( 1 ) _____　( 2 ) _____　( 3 ) _____　( 4 ) _____

2　( 1 ) _____　( 2 ) _____　( 3 ) _____　( 4 ) _____

3　( 1 ) _____　( 2 ) _____　( 3 ) _____　( 4 ) _____

4　( 1 ) _____　( 2 ) _____　( 3 ) _____　( 4 ) _____

5　( 1 ) _____　( 2 ) _____　( 3 ) _____　( 4 ) _____

6　( 1 ) _____　( 2 ) _____　( 3 ) _____　( 4 ) _____

7　( a ) _____　( b ) _____　( c ) _____

　　( d ) _____　( e ) _____

8　( a ) _____　( b ) _____　( c ) _____

　　( d ) _____　( e ) _____

9　_____, _____, _____, _____　(順序は問いません)

## 【聞き取り試験解答用紙】

**【第 1 部】** (1 問 3 点)

( 1 ) _____　( 2 ) _____　( 3 ) _____
( 4 ) _____　( 5 ) _____

**【第 2 部】** (1 問 4 点)

( 6 ) Um ☐☐.☐☐ Uhr.　( 7 ) Zwei _____.
( 8 ) Er _____ gern Computerspiele.

**【第 3 部】** (1 問 3 点)

( 9 ) _____　(10) _____　(11) _____

著 者

在間　進
　東京外国語大学名誉教授
亀ヶ谷昌秀
　慶應義塾大学理工学部講師

独検合格 4 週間 neu（ノイ）
《4級》

2012 年 11 月 5 日　初版発行
2015 年 6 月 25 日　6 版発行

著者　在間　進
　　　亀ヶ谷昌秀
発行者　藤井嘉明
印刷所　研究社印刷株式会社

発行所　有限会社　第三書房
〒162–0805 東京都新宿区矢来町106
TEL. 03 (3267) 8531　振替 00100-9-133990

落丁・乱丁本はお取り替えいたします　　Printed in Japan
ISBN 978-4-8086-0147-8

## 好評のドイツ語参考書

|  | |  |  |
|---|---|---|---|
| 在間　進<br>亀ヶ谷昌秀 | 著 | 新・独検合格 単語＋熟語（プラス）1800 CD付 | 2,300円 |
| 在間　進<br>亀ヶ谷昌秀 | 著 | 独検合格4週間《5級》CD付 | 1,900円 |
| 在間　進<br>亀ヶ谷昌秀 | 著 | 独検合格4週間 neu《4級》CD付 | 2,200円 |
| 在間　進<br>亀ヶ谷昌秀 | 著 | 独検合格4週間 neu《3級》CD付 | 2,300円 |
| 在間　進<br>亀ヶ谷昌秀 | 著 | 独検合格4週間《2級》CD付 | 2,300円 |
| 新倉真矢子 | 著 | 新装版 DVD&CDで学ぶ ドイツ語発音マスター | 2,400円 |
| 羽賀良一<br>第三書房 | 編 | [新正書法版]表でわかる ドイツ文法ノート | 1,200円 |
| 福田幸夫 | 著 | CD付 新装版 英語でわかるドイツ語入門 | 2,500円 |
| 渡辺克義<br>アンドレアス・マイアー | 著 | ドイツ語、もっと先へ！ | 1,600円 |
| 関口一郎 | 編 | 電話のドイツ語トレーニング | 1,600円 |
| 宮内敬太郎 | 著 | やさしく話すドイツ語 | 950円 |
| G.ニゲスティヒ<br>宮内敬太郎 | 著 | 改訂版 みんなのドイツ会話 | 2,000円 |
| 岩﨑英二郎 | 著 | 〈新訂〉会話風 やさしい独作文 | 1,600円 |
| H・ヤーン<br>星野慎一 | 著 | ドイツ語手紙の書き方 | 1,600円 |
| 桜井和市 | 著 | 改訂 ドイツ広文典 | 2,500円 |

消費税は含まれておりません。